云岭旅游规划丛书　第二辑

昆明市北部乡村旅游开发研究

Research on the Development of Rural Tourism in the North of Kunming

张鹏杨　钟宏伟　普　蔚　等著

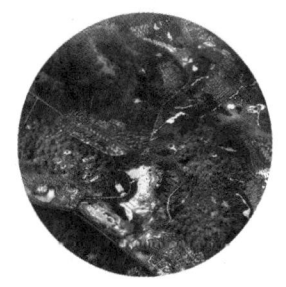

中国旅游出版社

总 序

2017年第一轮推出10部"云岭旅游规划丛书"之后，2019年再推出10部作为"云岭旅游规划丛书"的第二轮成果。这次出版的10部书稿，涉及全域旅游、乡村旅游、旅游扶贫、旅游小镇、旅游特色村、田园综合体、山地运动旅游区等旅游新兴业态，这些规划题材与国家"振兴乡村""旅游扶贫""美丽乡村""产业融合"等发展战略相契合，体现出旅游实践发展的最新进展状况，反映了规划设计、知识运用、学术研究与时代发展的同频共振。

由云南大学与昆明理工大学等院校多年合作形成的研究团队，在培养硕士研究生、博士研究生的进程中，为研究生业态感知、论文选题、素材提取、数据收集、案例分析等提供了丰厚的学术土壤和宝贵的实践机会，也为地方社会经济发展贡献了高校师生的知识、智慧，诸多规划题材和典型案例同时成为教学讲解的内容和教材编写的素材，成为课堂上、教材中、讨论里最为鲜活的话题。如此这般扎根大地的学术生涯，使老师与学生结下深厚的友谊，让学术圈的同事们铸成豁达、健康的学术生态。一趟趟的跋山涉水、一场场的激烈争论、一次次的驱车同行、一碗碗的欢畅痛饮，让生命充满了激情，让学术浸透了灵性，让生活富有了诗意。回头看看，充实而美好。

田 里
2019.10

序 言

　　《昆明市北部乡村旅游发展规划》项目完成于 2008 年。该项目由云南大学旅游管理、财务管理、建筑规划、景观设计等专业共同组成的规划团队，带领博士生、硕士生对项目地进行了深入的调查研究。为精准掌握规划区的实际情况，规划团队多次对规划范围内的乡村旅游资源、社区村落、生态环境、产业基础、历史文化等进行深入调查，获取了大量的一、二手材料。本规划对北部区域乡村旅游的发展战略、空间布局、产品体系、形象定位等方面进行了一系列创新性探索，充分体现了昆明市加快发展北部五区县乡村旅游，使其成为昆明旅游业发展新动力和二次创业切入点的战略部署。在旅游产业的空间布局、产品开发、重点项目等的策划和规划中突出以乡村景观和乡村文化为资源特色，确定了大项目带动、产业联动和优势聚焦等开发思路。在发展目标、产业布局、产品设计和旅游区形象等的分析上，充分结合了昆明北部乡村旅游的资源优势，提出了三个层次产品定位，为北部乡村旅游发展提供了创新、前瞻的未来构想。该项目的完成，对振兴昆明市北部乡村旅游业，促进昆明旅游业整体、健康、可持续发展有重要的指导意义。今集册出版，既是对多年前研究工作的纪念，也是与业界同行分享研究心得。书中存在不足与幼稚之处，还望同行专家不吝赐教。

田里
2019.10

研究人员

顾　问	田　里	云南大学工商管理与旅游管理学院	教授、博导
组　长	张鹏杨	云南大学工商管理与旅游管理学院	博士、讲师
副组长	钟宏伟	云南大学工商管理与旅游管理学院	博士
	普　蔚	云南大学工商管理与旅游管理学院	博士
成　员	王　桀	云南大学工商管理与旅游管理学院	博士、副教授
	杨　懿	云南大学工商管理与旅游管理学院	教授、博士后
	马　玉	云南大学工商管理与旅游管理学院	博士
	柯又萌	云南大学工商管理与旅游管理学院	博士
	刘　亮	云南大学工商管理与旅游管理学院	硕士
	孟帅康	云南大学工商管理与旅游管理学院	硕士
	高　月	云南大学工商管理与旅游管理学院	硕士
	刘秋婷	云南大学工商管理与旅游管理学院	硕士
	王　颖	昆明冶金高等专科学校通识与素质教育学院	硕士

· CONTENTS · 目录

第一部分　战略规划 ……………………………………………… 1
一、旅游发展现状与 SWOT 分析 ……………………………… 1
（一）区域背景条件分析 …………………………………… 1
（二）发展现状与阶段评估 ………………………………… 8
（三）旅游发展 SWOT 分析 ……………………………… 11
二、旅游发展战略与空间布局 ………………………………… 13
（一）旅游发展总体战略 …………………………………… 13
（二）功能定位与空间布局 ………………………………… 16
（三）区域发展战略实施 …………………………………… 23
（四）旅游开发项目匡算 …………………………………… 28
三、旅游产业与旅游产品 ……………………………………… 31
（一）旅游产业要素 ………………………………………… 31
（二）旅游产品体系 ………………………………………… 38
（三）旅游线路组织 ………………………………………… 45
四、旅游形象与市场营销 ……………………………………… 46
（一）旅游形象定位 ………………………………………… 46

（二）旅游市场促销 …… 48
　　（三）旅游解说系统 …… 50
五、旅游环境与基础设施 …… 54
　　（一）旅游社会影响控制 …… 54
　　（二）旅游环境资源保护 …… 55
　　（三）旅游基础设施建设 …… 60
六、旅游发展保障体系 …… 65
　　（一）旅游人力资源 …… 65
　　（二）旅游科技发展 …… 69
　　（三）旅游开发资金 …… 70

第二部分　专项规划 …… 71
一、轿子山国家公园概念规划 …… 71
　　（一）区域背景分析 …… 71
　　（二）开发定位与目标 …… 73
　　（三）旅游项目规划 …… 73
　　（四）管理体制 …… 75
二、东川矿山遗址公园概念规划 …… 77
　　（一）区域背景分析 …… 77
　　（二）开发方向与定位 …… 79
　　（三）旅游项目规划 …… 80
　　（四）开发措施 …… 81
三、寻甸北大营草原概念规划 …… 83
　　（一）区域背景条件 …… 83
　　（二）开发定位与目标 …… 85
　　（三）旅游项目规划 …… 85
　　（四）规划实施 …… 88
四、嵩明嘉丽泽生态湿地概念规划 …… 88
　　（一）区域背景条件 …… 88
　　（二）开发定位与目标 …… 90

（三）旅游项目规划 …………………………………………………………… 91
（四）可行性分析 ……………………………………………………………… 92

五、富民农业生态观光园概念规划 …………………………………………… 94
（一）区域背景分析 …………………………………………………………… 94
（二）开发定位与目标 ………………………………………………………… 95
（三）旅游项目规划 …………………………………………………………… 96
（四）开发模式探索 …………………………………………………………… 98

六、昆明北部金沙江百里长湖概念规划 ……………………………………… 100
（一）区域背景分析 …………………………………………………………… 100
（二）开发定位与目标 ………………………………………………………… 102
（三）旅游项目规划 …………………………………………………………… 102
（四）开发措施 ………………………………………………………………… 105

七、昆明北部红色旅游景区概念规划 ………………………………………… 105
（一）区域背景分析 …………………………………………………………… 105
（二）开发定位与目标 ………………………………………………………… 107
（三）旅游项目规划 …………………………………………………………… 108

八、昆明北部旅游小镇概念规划 ……………………………………………… 109
（一）阿子营花卉旅游小镇 …………………………………………………… 109
（二）柯渡红色旅游小镇 ……………………………………………………… 111
（三）倘甸精品旅游小镇 ……………………………………………………… 112
（四）转龙登山营地小镇 ……………………………………………………… 113

第三部分　专题研究 …………………………………………………………… 115

一、旅游资源特征研究报告 …………………………………………………… 115
（一）旅游资源类型结构 ……………………………………………………… 115
（二）旅游资源空间分布 ……………………………………………………… 121
（三）旅游资源质量评价 ……………………………………………………… 123
（四）旅游资源特色分析 ……………………………………………………… 127

二、旅游客源市场研究报告 …………………………………………………… 129
（一）旅游客源市场构成 ……………………………………………………… 129

（二）旅游客源市场特征 …………………………………………… 131
　　（三）旅游客源市场预测 …………………………………………… 134
　　（四）旅游客源市场营销 …………………………………………… 137
三、旅游形象策划研究报告 ……………………………………………… 140
　　（一）地域文脉分析 ………………………………………………… 140
　　（二）形象管理战略 ………………………………………………… 141
　　（三）形象促销策略 ………………………………………………… 143
　　（四）形象塑造策略 ………………………………………………… 145
四、旅游发展动力研究报告 ……………………………………………… 148
　　（一）区域旅游发展动力挖掘 ……………………………………… 148
　　（二）区域旅游发展动力系统 ……………………………………… 149
　　（三）区域旅游发展动力激发 ……………………………………… 149
　　（四）增强区域旅游发展动力 ……………………………………… 150
五、区域旅游扶贫研究报告 ……………………………………………… 151
　　（一）消除贫困任务艰巨 …………………………………………… 151
　　（二）确立旅游扶贫方式 …………………………………………… 153
　　（三）旅游扶贫条件分析 …………………………………………… 154
　　（四）旅游扶贫开发实施 …………………………………………… 154
　　（五）旅游扶贫优先项目 …………………………………………… 155

第一部分 战略规划

一、旅游发展现状与 SWOT 分析

(一) 区域背景条件分析

1. 规划范围

昆明市北部旅游圈位于昆明市北部,共包括五区县,即富民县、禄劝彝族苗族自治县、东川区、寻甸回族彝族自治县和嵩明县。总面积为 12490 平方千米,占整个昆明市总面积(21473 平方千米)的 58.17%,占云南省总面积(39 万平方千米)的 3.20%。

昆明市北部旅游圈北部与四川省的会理、会东两县隔金沙江相望;东部与曲靖市的会泽县、沾益县、马龙县相连;南部与宜良县、官渡区、盘龙区、五华区、西山区接壤;西部与楚雄州禄丰县、武定县相邻。昆明市北部旅游圈自古以来是昆明市的北大门,被誉为"滇北锁钥",通往四川攀枝花的攀昆高速公路、通往四川宜宾的嵩待高速公路、通往贵州的昆曲高速公路均由该区域向外延伸。

表 1.1.1 昆明北部旅游圈各县(区)面积

序号	名称	面积(平方千米)	政府驻地
1	富民县	1030	永定街道
2	禄劝彝族苗族自治县	4378	屏山街道
3	东川区	1674	铜都街道
4	寻甸回族彝族自治县	3966	仁德街道
5	嵩明县	1442	嵩阳街道

资料来源:中华人民共和国行政区划简册(2017)

2. 自然条件

从自然地理看，昆明北部旅游圈位于云南省中部偏北，坐落于滇池盆地的北部，为昆明市的高山峡谷集中分布区。区内分布有两支主要山系：一支为川西南山脉越过金沙江南下的拱王山系，向禄劝县和富民县延伸；另一支为与滇东北乌蒙山脉相连接的梁王山系，向东川区、寻甸县和嵩明县延伸。区内大部分地区海拔在1500~2800米，最高点在禄劝县轿子山马鬃岭，海拔为4247米，最低点在禄劝县普渡河与金沙江交界处，海拔仅为746米，区域海拔高差达3501.5米。由区内两大山系所决定，地势两边较高，中间较低，地势由北向南呈阶梯状逐级降低，北部为高山与坝子相间，南部属于滇中盆地北缘。本区地形地貌具有典型的高原特色。

从气候特征来看，昆明北部旅游圈属于低纬度、高原山地气候。由于纬度低、海拔高，北部有拱王山、梁王山等群山作为天然屏障，阻隔由北方南下的冷空气；南部地势较低，印度洋的西南暖气流可以直接进入，加上高原湖泊滇池、阳宗海等调节湿度，形成冬无严寒、夏无酷暑的得天独厚的宜人气候。但由于区内地形复杂多样，相对高差较大（高差达3500米），垂直气候特点明显，从低海拔到高海拔依次分布有南亚热带、中亚热带、北亚热带、南温带、中温带、寒温带多种气候类型。所以区内既有白雪皑皑、天寒地冻的雪山，也有四季如春、鸟语花香的山间盆地。区内一年之中冬春季干凉少雨，蒸发旺盛；夏秋季湿热多雨，相对湿度较大；四季温差不大，干湿季节分明，垂直变化突出，区内年平均气温15℃，是典型的"四季如春"之地。

从水文系统来看，北部旅游圈境内河流密布，由大小河流近20条。本区介于金沙江、南盘江的分水岭地带，河流分属于两大水系，属于金沙江水系的有金沙江、普渡河、小江、四甲河，属于南盘江水系的有牛栏江。

从森林植被看，由于地形地貌、气候及土壤等诸多因素的综合影响，昆明北部旅游圈植被类型丰富多样，云南亚热带和寒带气候条件的植被类型在区内均有分布。区内植物群落类型丰富，从半湿润常绿阔叶林、暖性针叶林、暖湿性稀树灌木草丛、寒温灌丛至寒温草甸等各种群落都有。区内植被的水平分布，大致以北纬26°禄劝县撒营盘一线为界，该线以南以点青冈林、栲类林等常绿阔叶林为主，以北以云南松、松栎混交、高山栎林为主。本区植被的垂直分布，以植物保存较为完好的禄劝县为例，在海拔1500米以下为干热河谷灌丛；海拔1600~2500米为半湿润常绿阔叶林和针、阔叶混交林；海拔2600~3900米，为急尖长苞冷杉林带；海拔4000米以上则是高山杜鹃花灌丛草甸。

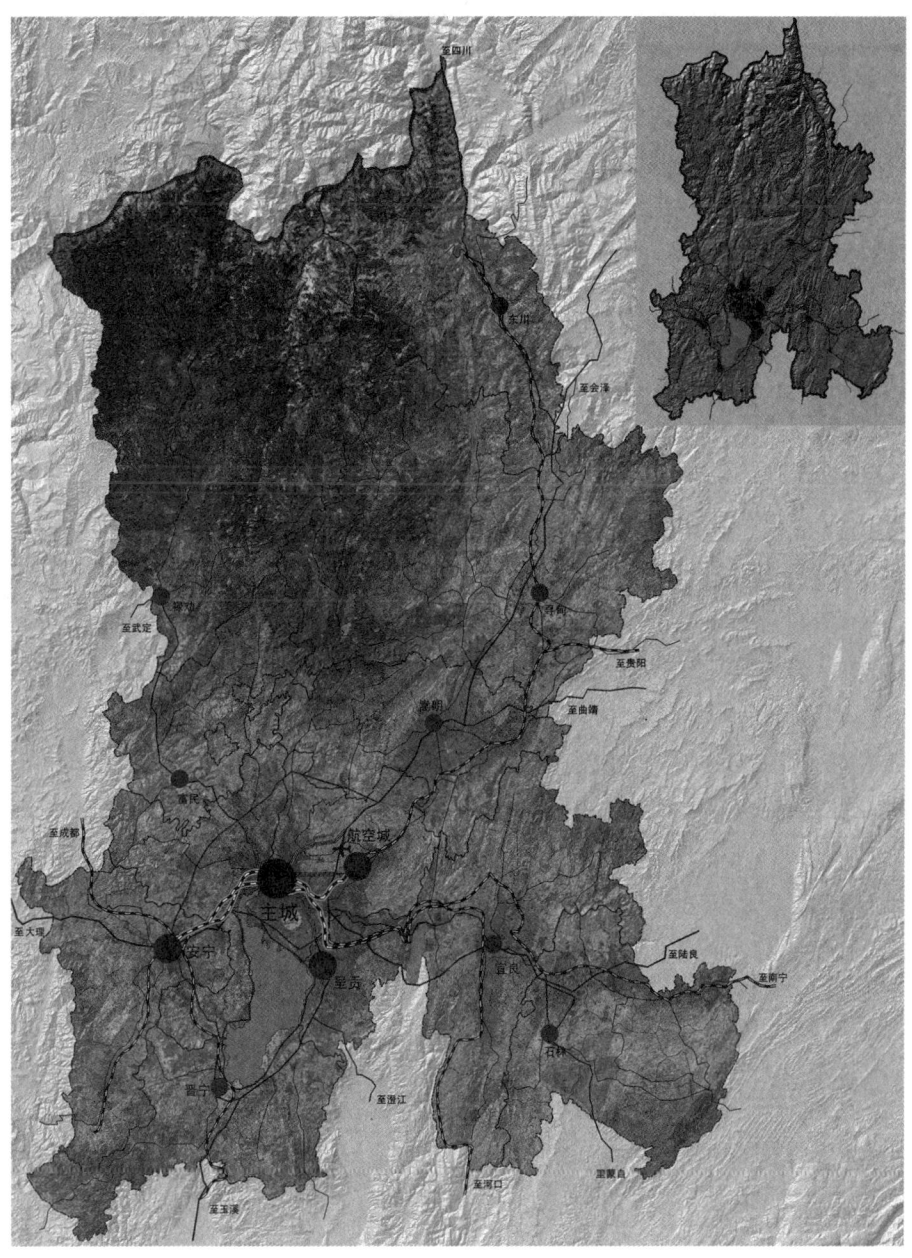

图 1.1.1　规划区自然地理状况

从生态系统来看,北部旅游圈森林植被覆盖率达到 33.63%,禄劝县森林覆盖率最高,达到 66.9%。区内有众多的自然保护区和森林公园,典型的有普渡河自然保护区、云龙湖自然保护区、钟林山森林公园等。区内有众多的珍稀动植物,珍稀植物如急尖长苞冷杉、苏铁、云南梧桐、黄杉、大王杜鹃、华榛、宽叶水韭、扇蕨、秃杉、红豆杉等，珍稀动物如黑鹳、金雕等。

3. 历史文化

昆明北部旅游圈地处中华内陆文化与西南边疆文化的交会处，既有来自中原汉民族文化的成分，又有来自西方文化的影响，还有各个少数民族的文化元素。多种外来文化与本土文化相结合，使本区文化形成多样性、包容性等诸多特征，形成多元文化和谐共生的格局。

昆明北部旅游圈是昆明市少数民族较为集中的聚居区，分布有苗族、彝族、回族、傈僳族等少数民族，昆明市的2个少数民族自治县（禄劝彝族苗族自治县、寻甸回族彝族自治县）均分布在该区。众多的少数民族，特定的世居环境，不同的文化传统，独特的民族风情，造就了绚丽多姿的民族风情旅游资源。

昆明北部旅游圈总人口176.68万人，占整个昆明市总人口数的28.72%，占云南省总人口数的3.94%。其中农业人口158.84万人，非农人口18.83万人；少数民族人口31.87万人，占总人口数的18.04%。其中，彝族人口占53.15%、苗族人口占10.08%、回族人口占25.41%。少数民族人口的分布呈大杂居、小聚居的特点。

表1.1.2 昆明北部旅游圈人口及构成情况（2006年）

人口构成 地名	总人口 （万人）	非农人口以及占总人口的比重		农业人口以及占总人口的比重		少数民族人口及占总人口的比重	
		数额 （万人）	比重 （%）	数额 （万人）	比重 （%）	数额 （万人）	比重 （%）
富民县	14.27	1.89	13.3	12.38	86.7	2.01	14.09
禄劝县	45.77	2.68	5.86	43.09	94.14	14.08	30.76
东川区	30.91	7.18	23.23	23.73	92.82	2.11	6.8
寻甸县	52.52	3.44	6.68	48.07	93.32	11.22	21.78
嵩明县	35.21	3.64	10.34	31.57	89.66	2.45	6.96
合计	176.68	18.83	10.66	158.84	89.90	31.87	18.04

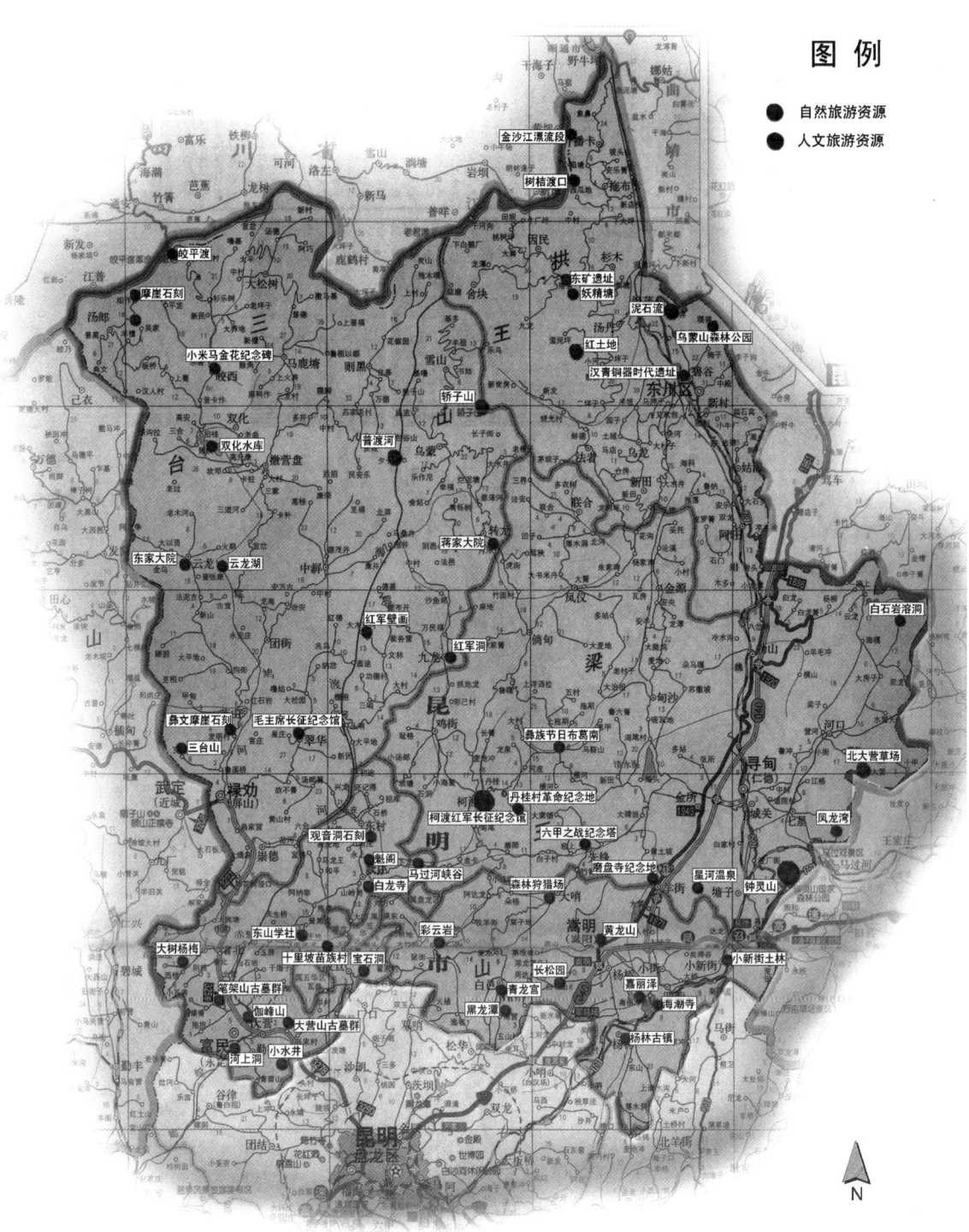

图 1.1.2 规划区旅游资源分布

4. 经济发展水平

随着昆明市社会经济的发展，昆明北部五区县的社会经济发展呈现持续、快速、健康发展的势头，人民生活水平不断提高。但在昆明市的经济发展格局，北部五区县的经济发展处在第三板块。2006年该区国内生产总值为104.79亿元，占整个昆明市国内生产总值（1203.14亿元）的8.71%；人均国内生产总值6935.2元，占昆明人均国内生产总值（19663元）的35.27%。

表1.1.3　昆明市2006年各县区国内生产总值对比情况

名称	国内生产总值（亿元）	排名	人均国内生产总值（元）	排名
五华	337.71	1	50875	2
官渡	266.60	2	54653	1
西山	141.95	3	20725	5
盘龙	139.33	4	21667	3
安宁	84.18	5	6801	11
宜良	51.80	6	12515	6
呈贡	35.06	7	21404	4
东川	28.69	8	10084	7
晋宁	27.30	9	9877	9
嵩明	23.64	10	6714	12
寻甸	20.29	11	3976	13
石林	19.01	12	8024	10
禄劝	18.09	13	3952	14
富民	14.08	14	9950	8
合计	1203.14		平均 19663	

从表1.1.3中可以看出，昆明北部旅游圈的经济结构中第三产业所占的比例不是很高；北部旅游圈旅游业的发展水平也不是很高，正因为如此，北部旅游圈的旅游发展潜力、可开发空间还十分巨大。

表 1.1.4　昆明北部旅游圈各县区产业构成（2006 年）

产业构成　地名	第一产业 产值（亿元）	第一产业 比重（%）	第二产业 产值（亿元）	第二产业 比重（%）	第三产业 产值（亿元）	第三产业 比重（%）	旅游业 产值（万元）	旅游业 占三产的比重（%）
富民	2.49	25	3.22	44	2.95	31	6300	21.36
嵩明	6.62	28	10.40	44	6.62	28	1840.9	2.78
禄劝	7.37	40.74	3.70	20.51	7.03	38.86	1200	1.71
寻甸	7.46	36.80	4.64	22.90	8.19	40.30	1690.6	2.06
东川	2.47	8.60	21.42	74.70	4.80	16.70	4856.32	10.12

5. 交通状况

昆明北部旅游圈北部隔金沙江与四川省相望，尽管近几年交通条件有所改善，但交通条件仍然是制约旅游业发展的主要因素。北部各区县政府驻地距离昆明市城区的交通里程如表 1.1.5 所示。

表 1.1.5　昆明北部旅游圈各县区交通区位

地名	政府驻地	离昆明城区的交通里程（千米）	所依托交通线	道路等级
富民	永定镇	32	108 国道	高等级公路
禄劝	屏山镇	86	108 国道	高速公路
东川	铜都镇	156	213 国道	高速公路
寻甸	仁德镇	86	213 国道	高速公路
嵩明	嵩阳镇	45	213、320 国道	高速公路

在公路交通建设方面，"十五"期间本区公路建设取得突破性进展，全区公路通车里程达 11496 千米，公路密度达 39.22 千米/万平方千米。与"九五"期末全区公路总里程 6946 千米相比，增加了 4550 千米，增长了 65.5%；二级以上高等级公路增加了 345.2 千米，增长了近 20 倍。全区主要经济干线和乡村公路全部开通，形成了以各区县政府驻地为中心，高速公路、国道、省道为主干，县乡公路为支干，乡村公路为经络，干支相连，城乡相通，连接毗邻州市的公路交通网络。

表 1.1.6　昆明北部旅游圈各县区交通情况

地名	交通状况
富民	富民距昆明仅 23 千米，108 国道二级公路穿境而过，是云南省距昆明最近的县（市）之一，县内 9 个乡镇全部通柏油路、73 个村委会全部通公路，全县 900 多千米的公路网内连村村寨寨，外接相邻县市。
禄劝	禄劝交通以屏山镇为中心形成 3 条辐射线：东北有禄转公路通过寻甸、东川；西北部有禄撒公路通撒盘营等地，昆皎（皎平渡）公路纵贯县境并达四川会理县；中部有禄中公路通过中屏等地，南部有昆攀（枝花）公路、禄马（寻甸县马街）公路通过。108 国道经过县境的南端。
嵩明	嵩明拥有立体便捷交通条件，不仅距离昆明主城近，而且具有"四线出省"（贵昆铁路、320 国道、213 国道、嵩待高速），"五路通昆"（贵昆铁路、昆曲高速、213 国道、320 国道、7204 线）的便捷交通优势，境内乡乡通柏油路，60% 以上的村子通水泥路。
东川	东川区内有铁路直通昆明，至昆明城区公路里程为 157 千米，其中高等级公路 115 千米，横穿区内的龙东格公路是"出滇入川"距离最短的陆路通道。金沙江水能梯级开发项目白鹤滩水电站建成后，东川将成为内河航运港口，成为滇中经济区连接长江经济带的重要水运枢纽。
寻甸	寻甸境内交通便利，贵昆铁路和昆明至东川铁路、320 国道分别在境内交汇并贯穿全县。县境内拥有各类公路 1433 千米，全县 17 个乡（镇）全部通了公路，其中 12 个乡（镇）通了柏油路，173 个村民委员会全部通公路，形成以县城为中心、以国道为骨架、连接乡村的公路网络。

（二）发展现状与阶段评估

1. 发展现状评估

在昆明市的旅游发展格局中，北部旅游圈的五区县属于旅游业发展的温冷区。其旅游业发展水平由客源数量、资源开发、基础设施、旅游品牌四个方面的状态所决定。

（1）旅游业发展有一定基础，但游客规模不大。北部旅游圈的五区县旅游接待指标近 5 年持续增长，2007 年的增长率达到 13.4%，高于昆明市同期的平均 12.9 % 的增长率。但北部旅游圈的旅游基数较低，在昆明市所占比重较小。在昆明市的 14 个区县中，北部旅游圈的五区县 2007 年接待旅游者 194.45 万人次，占昆明全市 2239.87 万人次的 8.7%；五区县 2007 年的旅游总收入 11948.93 万元，占全市旅游总收入 168.92 亿元的 0.71%。

（2）拥有大体量的旅游资源，但开发程度低。昆明市北部分布有一系列高山，像轿子山、梁王山、马鬃岭等都是气势恢宏、体量巨大的山体，具有较高的生态价值和旅游价值，但限于经济、交通、投资等方面的原因，往往开发程度低，旅游吸引力未得到充分体现。

（3）旅游基础设施滞后，缺乏旅游环境氛围。在昆明市的星级饭店中，北部旅游圈五区县拥有星级饭店1家，仅占全市115家的0.9%。在全市209家旅行社中，北部五区县5家，仅占全市的2.4%。在全市8个A级景区中，北部五区县还没有A级景区。

（4）旅游营运未成为规模，缺乏旅游品牌。北部旅游圈的五区县没有实力较强的旅游企业，也未形成较为成熟的旅游目的地，在昆明全市的旅游品牌中，既没有像石林、世博园、民族村这样的具有国际竞争力的旅游品牌，也没有像龙门、大观楼、九乡、阳宗海、安宁、金殿、筇竹寺等这样的国内旅游品牌。只有轿子山、北大营草场、小江泥石流等这样的拥有省内知名度的旅游区。

2. 发展阶段分析

将昆明北部旅游圈放在昆明全市旅游业发展的大格局中，其旅游业发展所处阶段的判断可以归纳为：昆明北部旅游圈的旅游业处于快速发展阶段，但处于昆明市旅游业发展的第三层次水平，目前其旅游产业正步入关键转型期。

（1）纵向比较，旅游产业处于快速发展阶段。在2003~2007年的五年中，昆明北部旅游圈五区县旅游业的发展速度既超过了过去五年的增长速度，同时也超过了同期昆明市的平均增长速度。

（2）横向比较，处于昆明市的第三层次水平。从发展水平分析，五华、盘龙、官渡、西山、石林处于第一层次，旅游业发展进入规模稳定期；安宁、呈贡、宜良处于第二层次，旅游业发展处在规模增长期；晋宁、嵩明、寻甸、东川、禄劝、富民处于第三层次，旅游业发展处在客源培育期。

（3）评估结论，旅游产业正步入关键转型期。昆明北部旅游圈的旅游业发展正处在以数量扩张为主的阶段，向以质量提升为特征阶段的转型期。其标志是：

①由分散的粗放开发向集中的集约化开发转变——大型精品旅游项目的启动开发；

②由政府主导的政府投资向政府引导、市场运作转变——投资开发主体的公司企业；

③由单一观光产品体系向以体验型为主导的复合型产品体系转变——游览、休闲、度假、认知、科考等综合旅游产品；

④由城市郊区附属游憩区向独立旅游目的地转变——大型旅游接待设施的建设。

3. 存在问题分析

尽管昆明北部五县区旅游业发展已有一定的规模，并逐步成为该地区的重点产业，但北部五区县的旅游业在发展过程中依然存有一些不容忽视的问题。

（1）开发力度不够

昆明北部旅游圈旅游资源丰富，集自然景观、人文景观、历史景观于一身。现在虽然部分景观已经开发，但是主要以自然景观为主，缺乏人文景观的开发，不能满足现代旅游需求。旅游产品组合没形成体系，产品开发缺乏深度和广度。提供的旅游产品较为单一，欠缺细分、多样、专项、灵活的开发，缺乏有广泛影响的产品。很多景区未经过科学的规划和设计，开发简单粗略，仅仅依靠其最基本的风景吸引游客，造成游客逗留时间不长，丧失了大量客源，造成资源的浪费。

（2）重点不突出，精品少，品牌效应差

北部旅游圈旅游产品开发还处于遍地开花的无秩序状态，虽然产品众多，但还缺乏重点，使得同种资源在旅游开发中多次重复。这必然会降低游客心目中的旅游总体形象，降低市场吸引力，进而影响该地旅游业的发展。缺乏对承载文化底蕴的精品旅游产品的开发，不能在游客面前展现出应有的内涵、给人以更大或更深刻的精神享受，难以满足旅游者的需求。

（3）缺乏具有竞争力的旅游企业

昆明北部旅游圈缺乏具有竞争力的旅游企业，仅依靠昆明市内的大型旅行社对景区线路进行安排。"小、散、弱、差"是区域内的旅行社面临的实际问题，难以形成规模并吸引昆明市内及周边地区的客源。大多旅游企业缺乏现代市场意识，经营管理落后，没有科学的管理体系；经营者缺乏主动性，营销观念落后；管理者对市场规律、法律法规和管理模式缺乏深入了解，员工缺乏专业知识，整体素质有待提高。

（4）旅行社协作经营能力差

北部旅游圈旅游资源分布广泛，许多旅游企业只是以当地资源为依托，各自开展旅游经营活动，造成经营成本增加。各大区域互相联合协作少，不能使整个北部旅游圈形成一个有机联合体。单个的旅游企业要想做大规模的市场运作则力不从心，效益也难以体现出来。即使企业有胆略进行大的市场运作，受益的却是相关行业，这造成了旅游市场难于向深度开发的矛盾。

（5）旅游产业结构不尽合理

昆明北部旅游圈旅游活动的"食、住、行、游、娱、购"六大要素发展不平衡。交通、餐饮收入占较高比重并呈逐年上升趋势，而购物、住宿、娱乐、游览等仍处于较低水平。表明北部旅游圈的产业结构欠缺合理性，旅游行业功能不健全，缺乏长远的计划，与旅游业的总体发展不相适应。

（6）对客源市场缺乏准确的定位

昆明北部旅游圈的资源虽然丰富，但是其资源质量及影响力不及云南省其他重点景区，因而在吸引省内其他地区及国内外游客方面缺乏优势。所以，在制订客源方案时应避重就轻，以昆明市及昆明周边为主要客源地，以这些地区的游客为主要客源制定相应的规划。

（三）旅游发展 SWOT 分析

1. 优势（Strengths）

（1）不断改善的对外交通条件

昆明北部旅游圈各区县本身距离昆明城区不远，近几年交通条件改善有突破性进展，加之昆明目前正在实施的近郊公共交通和即将实施的轻轨、地铁交通计划，将使昆明北部旅游圈可进入性发生根本性的变化。

（2）旅游业发展的后发优势

昆明北部旅游圈地域广阔、资源类型多样，尽管旅游资源分布稍显分散且开发程度低，但仍然是昆明市的旅游资源富集区，尤其是在昆明其他区域旅游开发趋于饱和的背景下，其北部地区的旅游开发就具有明显的后发优势。

（3）拥有大体量的旅游资源

昆明北部旅游圈与昆明市其他区域的旅游资源相比较，明显具有旅游资源体量大、空间分布广和气势恢宏等特点，其高山峡谷、高原草场、红壤土地、冰雪森林等旅游资源，在昆明市乃至滇中地区都具有不可替代的突出优势。

2. 劣势（Weaknesses）

（1）旅游开发程度低，形象不鲜明

昆明北部旅游圈的旅游资源开发较为粗糙，各个旅游景区未形成互动连线的产品组合，在旅游市场上尚未树立起鲜明的旅游形象，游客仅有一些分散产品的形象，缺乏整体旅游目的地的印象。

（2）基础设施条件薄弱，开发投资大

昆明北部旅游圈各区县总体经济实力较弱，基础设施条件和旅游接待投入不足，整个区域的内外交通设施和各个景区的游览条件亟待改善，旅游区内食、住、行、游、购、娱的条件有待进行改善和提升。

（3）旅游产品组合差，缺乏龙头支撑

昆明北部旅游圈虽然旅游产品开发众多，但没有形成连线成片、配合有机、互补叠加的整体效应；在开发格局中缺乏突出的重点，各个县均缺乏龙头性的大型项目，没有标志性的旅游品牌。

3. 机遇（Opportunities）

（1）昆明旅游二次创业的时机

昆明市旅游业发展正面临再上台阶的"二次创业"，按照"居住在昆明、休闲在昆明、养生在昆明、体验在昆明"的转型要求，需要拓展旅游空间、构筑旅游产品、形成新的亮点，因而北部旅游圈是昆明旅游业二次创业的突破口。

（2）北部经济发展的内在动力

昆明北部旅游圈五区县的经济发展水平，一直处在昆明市的第三个层次水平，各个区县发展愿望强烈、产业结构调整积极、城乡改造力度不断加大，具有十分强劲的内在发展动力，而旅游业正成为充满生机与活力的新兴产业。

（3）昆明城区游客需求强劲的拉动

在经过多年的建设发展，昆明市传统的旅游区已日益成熟并增幅减缓，无论是昆明当地的旅游者还是外地赴昆的旅游者，都在期待新兴的旅游目的地和寻求新奇的旅游产品，因而昆明北部旅游圈拥有十分庞大的潜在客源市场。

4. 挑战（Opportunities）

（1）区域旅游竞争所形成的挑战

针对省外客源，省内有来自大理、丽江、香格里拉、西双版纳、腾冲等诸多高知名度旅游目的地的竞争；针对省内客源，滇中地区有玉溪抚仙湖、大营街和楚雄彝人古镇的争夺；针对滇中客源，昆明还有石林、民族村、龙门、世博园等知名景区，因而昆明北部旅游圈面临区域旅游的严峻竞争。

（2）实现跨越式发展所面临的挑战

昆明北部旅游圈旅游业起步较晚，大多数旅游景区还处于开发的初期阶段，要与其他成熟的旅游景区并驾齐驱地竞争，就必须实现跨越式加速发展，尽快实现从初级阶段向成熟阶段的跨越，这是北部旅游圈所面临的一大挑战。

（3）旅游发展面临不确定性因素的挑战

昆明北部旅游圈发展面临许多不确定性因素，既包括国内外旅游形势因素，又涉及云南及昆明旅游业发展等因素；同时，由于处于旅游发展起步期，旅游产业还没有形成自我增长机制，还需要相关产业推动和市场拉动。

二、旅游发展战略与空间布局

（一）旅游发展总体战略

1. 战略地位确立

昆明北部旅游圈的旅游业发展是昆明市旅游业二次创业的切入点，是推进昆明城市化整体进程的关键区，是缩小昆明市社会经济发展不平衡状况的重点区，也是构建"和谐昆明"的敏感区。

（1）昆明旅游业发展的新动力。昆明市南片区的发展，因"新昆明"的建设而获得了巨大的推动力，而北部旅游圈的发展却一直缺乏强势的动力推进。在目前可以选择的推进力中，旅游业是最具爆发力和产业带动力的产业。通过大力发展旅游业，不仅可以扩大昆明市的旅游发展空间，而且可以为北部旅游圈的经济发展引入推动力，还可以为建设"和谐新昆明"创造有利的产业支撑。

（2）昆明旅游业二次创业的切入点。昆明旅游业的发展一直集中在中部片区（五华、盘龙、官渡、西山、宜良、石林），该片区的旅游景区规模和旅游接待设施已经达到饱和状态，主要面临的是提高水平和档次的问题。南部片区因现代"新昆明"的建设，已经布局了东城、南城和西城，将拥有行政商务区、科技文化区、工矿企业区、物流通道区等多种功能，发展空间也较为局促。只有北部片区拥有广阔的发展空间，可以为昆明市旅游业二次创业提供充分的空间舞台。

（3）推进昆明北片区的城市化进程。全面推进昆明市的城市化进程，北部旅游圈就是滞后区和发展的关键区。而最具关联带动效应的旅游业的发展，不仅可以带动该片区基础设施的建设，还可以拉动消费市场就近消费，同时还会带来思想观念的深刻变化，为该片区的社会经济发展带来多方面的推动作用，从而达到缩小昆明市地区发展不平衡的差距。

（4）深化民族文化大市的建设内容。昆明市作为边疆民族文化大省的省会，承担着反映和表现云南省多民族的文化重任。北部旅游圈是昆明市少数民族分布较为集中的区域，以彝族、苗族、回族等为代表的少数民族风情浓郁，开发小水井苗族、禄劝彝族、寻甸回族等的民族风情资源，无疑可以挖掘、抢救和弘扬少数民族文化，增强少数民族的自信心和民族自豪感，为民族文化大市建设增添新的内容和多样的表现形式。

2. 发展任务分析

在昆明市旅游业发展格局中，大的格局是"中间部分热，南北两头冷"。从发展水平差异分析，五华、盘龙、官渡、西山、石林处于第一层次，旅游业发展进入规模稳定期；安宁、呈贡、宜良处于第二层次，旅游业发展处在规模增长期；晋宁、嵩明、寻甸、东川、禄劝、富民处于第三个层次，旅游业发展处在客源培育期。从原因上分析，主要有三个方面：一是是否拥有大型旅游吸引物，二是距离中心城区的空间距离远近，三是旅游接待设施的规模档次。按照上述原因分析，北部旅游圈以轿子雪山为代表的旅游资源属于典型的大型旅游吸引物，主要差距在于空间距离和旅游接待设施两个方面。因而北部旅游圈的旅游业发展需要在交通的通达性和接待设施的建设方面进行较大的投入。

根据昆明北部旅游圈旅游业发展所处的阶段，其旅游业发展面临双重任务：一是大幅度改善交通基础设施的状况和提高旅游接待设施的水平；二是打造以轿子雪山为代表的大型旅游吸引物的品牌，增强竞争力。因此，昆明北部旅游圈旅游业既面临基础设施和接待设施提档升级的任务，同时又面临开发和培育大型旅游吸引物以增强旅游竞争力的任务。

3. 旅游区性质界定

基于对昆明市北部五区县环境、资源、市场等要素所作的综合分析，昆明市北部旅游圈的性质可确定为以高原自然山水风光和多民族聚居环境为背景，集高山森林、地质奇观、草原风光、湖泊水域、生态农业、民族风情于一体，适宜开展观光游览、康体休闲、体育竞技、民族风情、科学考察等多种旅游形式的大型综合旅游区。该大型综合旅游区，既是云南省距离国际市场最近的高山冰雪旅游区，也是滇中地区的支撑性旅游区，还是昆明市又一具有震撼力的国际级旅游目的地。

上述性质确定的依据如下：

（1）大型综合性多功能旅游区。昆明市北部旅游圈地域辽阔、资源丰富、风情浓郁，可开展观光、游览、休闲、度假、康体、体育、科考、探险等多种旅游活动，旅游功能复合多样。

（2）具有国际吸引力的旅游区。在昆明市的旅游吸引物中，轿子雪山是能够与石林、世博园、民族村相媲美的大体量旅游资源，是云南省距离东南亚地区、珠江三角洲最近的冰雪型旅游目的地，属于国际市场指向的大型旅游吸引物。

（3）滇中地区的支撑性旅游区。在云南历史上所确定的东、南、西、北、中五岳中，轿子雪山位居"东岳"，被称为"滇中第一名山"，历史内涵深厚。同时轿子雪山集滇西北雪山峡谷、黄山云海冷杉、九寨沟冰渍湖、泰山日出日落等大美于一身，是云南自然景观的缩影，在滇中地区具有独占性的优势。

4. 旅游发展战略

（1）大项目带动战略。大项目是具有显示优势特色和带动全局作用的支撑项目，其项目的确立能够对昆明北部旅游圈的发展起到关键性的作用和产生决定性的意义。

（2）产业联动战略。即将旅游业的发展与环境保护、交通发展、城乡建设和百姓致富有机结合起来，形成兴旺一业而带动百业的联动效应，充分发挥旅游业的关联带动作用。

（3）优势聚焦战略。优势特色是一个地区有别于其他地区的本质与魅力所在，昆明北部旅游圈必须从旅游景区建设、线路编排、设施建设、活动设计等方面充分展示其内涵神韵和独特魅力。

5. 发展目标体系

（1）总体发展目标

昆明北部旅游圈的总体发展目标是通过规划期的持续努力，把昆明市北部旅游圈建设成为昆明市的新兴旅游目的地和山地特种旅游区，成为云南省旅游二次创业的示范区和特色旅游发展区，发展成为国内南方最佳冰雪旅游胜地和春城草原高尔夫胜地，成为国际知名的山地特种运动旅游度假胜地。

（2）经济发展指标

表 1.2.1　昆明北部旅游圈旅游发展经济指标

指标＼年份	2008	2009	2010	2015	2020
旅游者（万人次/年）	225.56	270.67	330.22	952.23	2050.52
旅游收入（万元/年）	22620.76	32477.33	40921.43	189901.03	628436.46
旅游业占 GDP 比重（%）	2.5	2.7	3.0	6.0	10.0

到规划近期 2010 年年末，把昆明市北部旅游圈初步建设成为昆明市的新兴旅游目的地和山地特种旅游区；游客总量达到 330.22 万人次，旅游收入达到 40921.43 万元，旅游收入占国内生产总值的比重达到 3%。

到规划中期 2015 年年末，把昆明市北部旅游圈建设成为云南省旅游二次创业的示范区和特色旅游发展区；游客总量达到 952.23 万人次，旅游收入达到 189901.03 万元，旅游收入占国内生产总值的比重达到 6%。

到规划远期 2020 年年末，把昆明市北部旅游圈建设成国内南方最佳冰雪旅游胜地和春城草原高尔夫胜地；游客总量达到 2050.52 万人次，旅游收入达到 628436.46 万元，旅游收入占国内生产总值的比重达到 10%。

（3）产业发展目标

通过规划期旅游业持续发展，到 2020 年，昆明北部旅游圈接待旅游者达 2050 万人次，旅游收入达到 630000 万元。旅游者人均逗留天数、人均日消费水平、旅游饭店全年客房出租率等指标大幅度增长；旅游区有 3~5 家饭店进入全市 50 强；形成国内和国际旅行社体系，并有 2~5 家旅行社进入全市 50 强；有 3~5 个景区列入云南旅游精品项目，有 3~5 个景区列入云南优秀旅游景区（4A 级旅游景区）。

（4）社会发展目标

通过北部旅游圈建设，完善昆明市的旅游空间结构，形成中部中央商务游憩区、南部环滇池滨水游览区、东南部喀斯特世界遗产区、北部山地运动体验区四足鼎立的格局，使北部旅游圈在昆明市旅游业发展中具有重要的地位，拥有一批吸引力强的旅游景区，形成三条精品线路，旅游人数和旅游收入有较大幅度的增长，旅游业成为带动区域投资、就业、创汇、财政收入、脱贫解困等的重要产业。

（5）环境整治目标

通过旅游业的持续发展，促进北部旅游圈的生态环境和资源保护得到根本改善，大气环境、水体质量、植被覆盖率、区域噪声等指标明显好转，自然资源和人文资源得到有效保护，人居环境和谐，成为昆明国际生态旅游城市的有机组成部分。

（二）功能定位与空间布局

1. 发展功能定位

（1）发展主题定位

为确保昆明北部旅游圈的竞争力和可持续发展力，在立足本区旅游资源优势基础上采取优势聚焦思路，确立和凸显北部旅游圈的旅游发展优势，形成系列旅游发展主题，并按主题进行分销。

生态养生主题：以昆明北片区自然环境和山水景观为依托，以开发水景、湿地、会所、休闲空间等为主导方向。

康体运动主题：以昆明北片区的高原地貌和山地草场为依托，以开发高尔夫、赛马、汽车越野、徒步登山等为主导方向。

地质工矿主题：以昆明北部片区的地质奇观和矿山遗址为依托，以开发泥石流、矿洞探险、矿山遗址等为主导方向。

南国冰雪主题：以轿子山的高山森林和冰雪景观为依托，以开发登山、攀越、滑冰、赏雪、观花等为主导方向。

观光农业主题：以昆明北片区的农业产业和花卉基地为依托，以开发花卉园、水果林、蔬菜园、农家乐、加工厂基地为主导方向。

民族风情主题：以昆明北片区的彝族、苗族、回族、白族等少数民族村寨为依托，以开发民族乡村、民族歌舞、民族手工艺品为主导方向。

（2）旅游形象定位

昆明北部旅游圈——"冰雪世界，绿色天堂，民族乐园"

分区旅游形象：嵩明——湖光山色养生区（休闲文化）

寻甸——高原草场风情区（草场文化）

东川——矿洞遗址工矿区（工矿文化）

富民——生态农业休闲区（农业文化）

禄劝——高山冰雪体验区（冰雪文化）

视觉形象：轿子雪山

2. 旅游空间分析

（1）旅游空间基础

①旅游资源：昆明北部旅游圈属于昆明市的高原山地区，北部高山坝子相间，为山地型旅游资源；南部为滇中盆地北缘，为高原盆地型旅游资源。

②交通格局：昆明北部旅游圈的交通网络呈"三纵五横"格局，以南北向的"三纵"为骨干交通线，东西向的"五横"为辅助交通线，交通网络呈现为扇形放射状布局，这同时也是游客扩散的模式。

③旅游项目：已建、在建或拟建的诸多旅游项目分布，表现为以轿子山为龙头、以昆明城区为客源依托地，沿东部、中部、西部三条旅游带由南向北延伸。

④客源移动：客源向旅游区集聚主要有三个渠道，由南部昆明城区向北移动为主渠道，由东北方向和西北方向流入为辅助渠道，形成游客进入的三大通道。

（2）旅游空间结构

①扇形扩展：昆明城区作为北部旅游圈的主要客源输出地，由南向北沿东、中、西三条旅游带呈扇形放射状扩散。

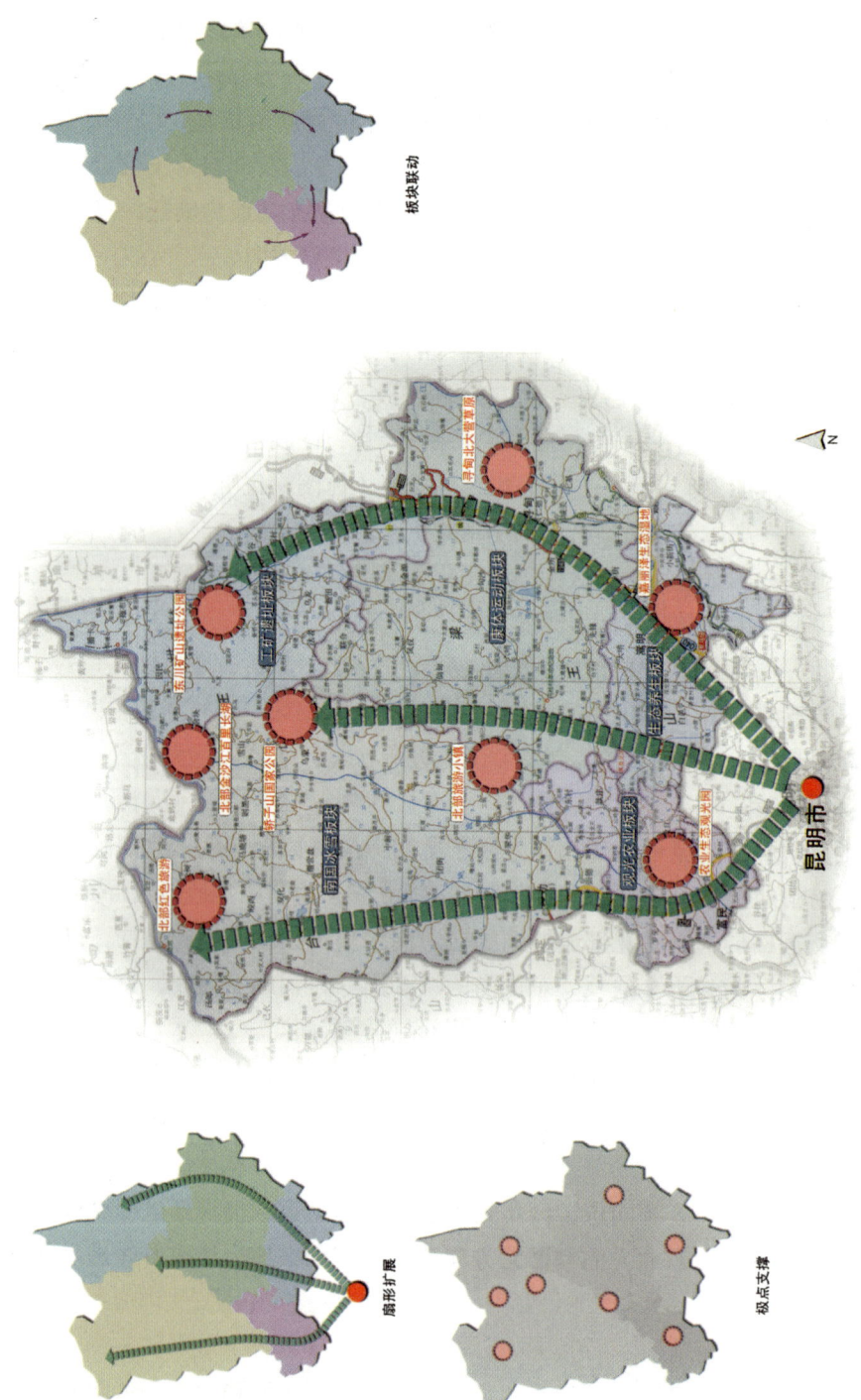

图 1.2.1 旅游区空间结构

②极点支撑：在充分挖掘旅游资源潜力和提炼旅游主题基础上，精心打造八大重点旅游项目，以此带动昆明北部旅游圈的全面发展。

③板块联动：结合北部五县区的旅游主题，形成生态养生、康体运动、工矿遗址、南国冰雪、观光农业五大主题板块，并通过五大板块的联动共同形成旅游环线。

3. 旅游总体布局

根据北部旅游圈的旅游资源分布和交通条件状况，按照"冰雪世界，绿色天堂，民族乐园"的主题定位，昆明市北部旅游圈的总体布局为"一园、三带、五区"的发展格局。

表 1.2.2　昆明北部旅游圈空间布局

布局	名称	主体特色	开发方向
轿子山国家公园	轿子山国家公园	冰雪景观、高山湖泊、植物花卉、天象景观	自然保护地
三条旅游辐射带	东部高原草场旅游带	滇中水乡、自然山水、高原草场、温泉小镇	旅游通道
	中部风情小镇旅游带	阿子营花卉、柯渡红军遗迹、倘甸农贸市场、转龙彝族风情	旅游小镇
	西部高山森林旅游带	农业生态、溶洞景观、苗族风情、水库风光	旅游通道
五个旅游区	嵩明休闲养生旅游区	生态湿地	休闲养生
	寻甸草场康体旅游区	草原牧场	康体运动
	东川工矿体验旅游区	工业遗址	矿洞体验
	禄劝高山冰雪旅游区	高山冰雪	森林生态
	富民农业生态旅游区	田野生态	农业观光

（1）轿子山国家公园

把地跨绿劝县与东川区的轿子山按照国家公园的理念建设成为昆明北部旅游圈的核心吸引物。轿子山作为"滇中第一山"，拥有优美的自然景观和厚重的历史人文积淀，基于轿子山旅游资源的特征和其敏感的生态系统，以山地旅游整合轿子山旅游资源，以专项旅游带动大众旅游，按照国家公园理念在生态保护基础上，把轿子雪山建设成集高山冰雪运动、森林生态观光、科普考察探险于一体的滇中山地冰雪旅游大本营。

（2）三条旅游辐射带

三大旅游带是东部高原草场旅游带、中部风情小镇旅游带和西部高山森林旅游带。东部高原草场旅游带（昆明—嵩明—寻甸—东川）连接嵩明旅游区、柯渡旅游区、草场旅游区、蒋家沟旅游区，为进入滇东北的主干旅游带。中部风情小镇旅游带连接阿子营、柯渡、倘甸、转龙四镇，是由昆明城区通往轿子山最便捷的通道。西部高山森林旅游带（昆明—西山—富民—禄劝）连接富民旅游区、云龙旅游区、轿子山旅游区，成为进入四川的主干道旅游带。

（3）五个旅游区

通过旅游资源开发和旅游基本要素配置，形成功能特色鲜明、吸引力较强的五大旅游功能区。即嵩明休闲养生旅游区、寻甸草场康体旅游区、东川工矿体验旅游区、禄劝高山冰雪旅游区、富民农业生态旅游区。五大旅游片区以增强旅游吸引力为开发方向，重点建设具有支撑作用的景区景点，配套旅游片区内部旅游要素，修通连接各旅游区的道路，修筑通往各旅游景区的道路，制作各旅游区的介绍材料和公共标牌等。

4. 旅游区划结构

根据培养竞争优势、实施资源整合和旅游开发联动的原则，将昆明北部旅游圈划分为二级结构。

表1.2.3 昆明北部旅游圈区划结构

一级	二级	特色	功能导向
嵩明休闲养生旅游区	嘉丽泽景区	生态湿地	水乡养生基地
	长松园景区	休闲生态	休闲娱乐园区
	杨林镇景区	历史古镇	历史文化小镇
寻甸草场康体旅游区	北大营景区	草原牧场	草场康体运动
	凤龙湾景区	湖泊森林	自然山水公园
	星河温泉景区	温泉小镇	温泉度假小镇
东川工矿体验旅游区	矿洞群景区	工业遗址	矿洞遗址体验
	泥石流景区	地质灾变	自然奇观考察
	红土地景区	大地艺术	红土高原摄影
禄劝高山冰雪旅游区	轿子山景区	高山冰雪	高山冰雪体验
	皎平渡景区	军事遗址	红色记忆缅怀
	云龙湖景区	水域风光	水域生态观光

续表

一级	二级	特色	功能导向
富民农业生态旅游区	伽峰山景区	生态农业	农业生态观光
	小水井景区	苗族风情	苗族风情体验
	河上洞景区	洞穴风光	洞穴风光游览

（1）嵩明休闲养生旅游区

嵩明休闲养生旅游区位于昆明市东北部，该片区湖泊密集、气候温和、历史悠久、文物众多，最具优势的旅游资源是湖泊水域、历史遗迹、田园风光，属于水乡生态、历史文化与假日休闲相结合的功能区，可发展成为昆明市高原水乡、生态观光、周末休闲的旅游区，也是昆明市北部旅游圈中需要进一步开发的旅游片区。该片区以嘉丽泽湖泊湿地恢复为中心，以嵩阳镇、杨林镇、牛栏江镇为支点，构筑"钻心"结构的核心吸引物，带动嵩阳中心城镇、杨林古镇、牛栏江小镇建设，重点开发建设嘉丽泽水乡生态园、青年湖杨林小镇、牛栏江风情小镇、西山影视基地、长松滑雪场、海潮寺公园、兰茂公祠、药灵山等项目。

旅游主题：滇中水乡

功能导向：观光休闲

开发思路：以嘉丽泽湖泊湿地恢复为中心，带动周边旅游项目开发

案例借鉴：红河弥勒湖泉生态园

龙头项目：嘉丽泽水乡生态园

重点项目：青年湖杨林小镇、长松滑雪场

配套项目：牛栏江风情小镇、西山影视基地、海潮寺公园、兰茂公祠

（2）寻甸草场康体旅游区

寻甸草场康体旅游区位于昆明市东部，由于丰富的历史文化资源、优越的自然山水、便利的交通条件，成为昆明新兴的康体度假基地，最具优势的旅游资源是草原风光、自然山水、温泉资源，属于草场生态、自然风光和民族风情相结合的功能区，在昆明市北部旅游圈旅游发展中具有重要的作用。该片区以北大营草场为龙头，重点开发建设凤龙湾景区、星河温泉小镇、柯渡历史纪念地、钟灵山观光生态园、清水海、白石岩溶洞等项目。

旅游主题：高原草场

功能导向：康体运动

开发思路：以北大营草原高尔夫建设为龙头，带动南北向旅游项目开发

案例借鉴：中山温泉高尔夫

龙头项目：北大营草原高尔夫

重点项目：凤龙湾景区、星河温泉小镇、柯渡历史纪念馆

配套项目：钟灵山观光生态园、清水海、白石岩溶洞、倘甸旅游节点、生态瓜果园

（3）东川工矿体验旅游区

东川工矿体验旅游区位于昆明市东北部，该区自西汉以来就是著名的铜产地，加之历代伐薪炼铜等特殊地质原因，也使其成为泥石流频发地区，最具优势的资源是矿洞遗址和泥石流景观，属于工矿旅游与地质灾变旅游相结合的工业旅游片区，在昆明旅游业的发展中具有特殊的作用。该片区以因民矿洞遗址公园为龙头，重点开发轿子雪山东坡、金沙江百里长湖、蒋家沟泥石流、花石头红土地、大牯牛寨、汽车拉力赛等项目。

旅游主题：矿洞遗址

功能导向：工业旅游

开发思路：以落雪矿洞遗址公园为龙头，带动小江沿岸旅游项目开发

案例借鉴：澳大利亚墨尔本金矿

龙头项目：落雪矿洞遗址公园

重点项目：轿子雪山东坡、蒋家沟泥石流、花石头红土地

配套项目：金沙江百里长湖、花石头红土地、大牯牛寨、雪火岭、汽车拉力赛

（4）禄劝高山冰雪旅游区

禄劝高山冰雪旅游区位于昆明市北部，该区是昆明北片区中旅游业最发达和旅游知名度最高的旅游区，最具优势的资源是轿子雪山自然风光、云龙湖景区等，属于自然风光与历史文化相融合的多功能旅游片区，在昆明北片区及滇中地区旅游业的发展中具有举足轻重的作用。该片区以轿子雪山景区为龙头，重点开发建设云龙湖景区、高山滑雪康体运动、金沙江皎平渡口、彝汉文摩崖、三台山石刻、木克乡红军壁画、毛主席长征居住旧址、石板河阻击战场遗址、安则箐彝文摩崖、凤家城遗址、红军烈士洞、普渡河桥、营盘山遗址、普渡河革命烈士纪念碑、轿子雪山、转龙缩泉、云龙洞、掌鸠河、普渡河、中屏溶洞、三台山、火期山、掌鸠河水库、角家营大龙潭、土司礼仪乐、金沙江峡谷等项目。

旅游主题：滇中名山

功能导向：雪山旅游

开发思路：以轿子雪山景区为龙头，带动周边项目开发

案例借鉴：瑞士阿尔卑斯山

龙头项目：轿子雪山景区

重点项目：云龙湖景区、金沙江皎平渡口、普渡河旅游区

配套项目：彝汉文摩崖、红军烈士洞、中屏溶洞、金沙江峡谷

（5）富民农业生态旅游区

富民生态农业旅游区位于昆明市西北部，该片区由于山川秀丽、民风古朴、民间文化绚丽多姿、物产丰庶，是昆明市农业观光、假日休闲旅游区。最具优势的旅游资源是生态农业观光，属于现代农业观光、假日休闲与民族风情相结合的旅游片区，是昆明市北部旅游圈中需要进一步开发的旅游片区。该片区以农业观光为龙头，重点开发建设农家乐度假、文庙、永定大桥、宝石洞、河上洞、红军标语、皇亭子、觉海寺、魁阁、百花山庄、明熙苑度假村、滨河公园、飞来寺、白龙寺、伽峰山乡村营地、永定镇、葡萄园、杨梅园、石榴园、荷园等项目。

旅游主题：都市农庄

功能导向：农业旅游

开发思路：以"农业＋旅游"为主题，带动农旅融合开发

案例借鉴：成都"三圣乡"旅游区

龙头项目：农家乐集群

重点项目：伽峰山乡村营地、小水井苗寨、龙纳河养生谷

配套项目：文庙、河上洞、百花山庄、明熙苑度假村、宝石洞

（三）区域发展战略实施

1. 嵩明休闲养生旅游区

（1）嘉丽泽景区

【规划背景】景区范围包括嵩明四营乡海潮寺森林公园及紧邻其北部的嘉丽泽湿地，面积约为3.4平方千米。现有资源包括沼泽型湿地、水潭、鱼池、农田、海潮寺森林公园等。

【规划构思】以嘉丽泽湿地资源和历史文化为主导，以海潮寺森林公园、嘉丽泽水域为整套产品为基础，形成海潮寺—嘉丽泽的规划主线，重点打造嘉丽泽生态湿地景观，在区内形成一海、一桥、两带、五区的规划布局。

【主题功能】滇中水乡生态园：生态观光、休闲养生。

【项目组成】湿地恢复、观潮桥、漂浮湿地、休闲体验园、生态宣教区、

观景栈道等。

（2）长松园景区

【规划背景】景区位于县城嵩阳西北7千米处杨桥镇，范围在16平方千米。现有资源包括松林、杂木林、果园、荒地、山坡等，目前已做初步开发，有少数农家乐接待点，并开始接待游客。

【规划构思】利用丰富的水利资源、多样的地貌形态、良好的生态植被、淳朴的民俗民间风情，开发生态休闲产品，围绕休闲养生主题打造昆明居民大型休闲养身场所和生态旅游服务区。

【主题功能】休闲养身基地：休闲度假、生态观光。

【项目组成】长松康体疗养区、森林浴场、农家烧烤区、松林绿所休憩园、生态观光果园、野营基地、生态居住区等。

（3）杨林镇景区

【规划背景】坐落于嵩明坝子东南，北距县城12千米，西南距昆明40千米，规划面积约2.2平方千米。杨林镇历史文化资源丰富，拥有有兰公祠、兰茂墓、杨林书院遗址、《观音寺碑记》碑等文物古迹。

【规划构思】围绕兰茂历史，形成一个历史文化旅游区，将历史文化氛围辐射到杨林城遗址、杨林古镇驿道遗址、《观音寺碑记》碑以及七阁等众多的庙宇殿堂，形成以兰茂历史遗迹为中心，其他历史遗迹相衬托的悠远历史文化环境。

【主题功能】历史名镇：文化体验、观光游览。

【项目组成】兰茂历史文化广场、古迹修复、古镇商业街、庙宇殿堂修复、基础设施建设等。

2. 寻甸草场康体旅游区

（1）北大营景区

【规划背景】北大营草场景区位于寻甸县河口乡北大营村，北大营人工草场面积23130亩，林地21357亩，水域面积327亩。北大营草场景区以人工草原、湖泊水域、牛羊畜牧、彝苗风情为主要旅游资源。目前北大营草场正在进行系统性开发建设。

【规划构思】依托北大营高原草场广阔的空间，突出世界唯一"四季如春"草场的特点，开发建设集运动、休闲、娱乐、生态、民族为一体的高原草场综合型旅游区。

【主题功能】运动休闲娱乐：草原生态牧场，民族风情演绎。

【项目组成】游客服务中心、康体运动场、畜牧风情带、民族风情带和水域风光带等。

（2）凤龙湾景区

【规划背景】凤龙湾景区距寻甸县城14千米、昆明120千米。东连马龙河，南接钟灵山森林公园，北与北大营草场连成一片，贵昆铁路穿境而过。凤龙湾风景区全长15千米，占地1000余亩，2.08平方千米的湖泊水面。

【规划构思】在现有开发基础上加大凤龙湾景区的开发力度，合理划分功能区，重点提升景区内"小三峡""五彩湾""石板河"等景点，通过基础设施建设增加景点之间的错落感和层次变化，以人文文化丰富山水景观，开发不同种类的旅游产品，建设成为集生态观光、休闲娱乐、康体养生为一体的景区。

【主题功能】山水森林公园：水域风光、自然景观、奇壁妙滩。

【项目组成】玉湖飞瀑、三峡探寻、水上娱乐、景观廊道、风情广场、森林氧吧、农家体验、小河段漂流、河滩嬉戏园、岩缝亭台、度假山庄等。

（3）星河温泉景区

【规划背景】寻甸县温泉资源丰富，其中塘子温泉位于塘子镇西南2千米，距县城15千米，距昆明市区60多千米。温泉属碳酸泉水质，常温67℃，出水量为389立方米/小时。

【规划构思】以星河温泉小镇为基点，形成以点带面、以局部带动整体的开发格局，使星河温泉小镇带动塘子镇乃至寻甸县城的旅游开发，使开发效应从塘子温泉辐射到整个寻甸县，使温泉业成为寻甸县的窗口性行业。

【主题功能】温泉旅游小镇：疗养保健、休闲度假、置业居住。

【项目组成】温泉会所区、加州风情街区、温泉别墅群、水景景观带、温泉休闲区、风景绿地带、温泉节庆活动等。

3. 东川工矿体验旅游区

（1）矿洞群景区

【规划背景】规划区选址于因民矿区，该区位于铜都镇西北部110千米，该区矿洞大多已经枯竭废弃，规划面积约为1平方千米。依托有矿洞遗址、选矿场地、地面矿山设施和东川丰厚的铜文化资源。

【规划构思】以废弃矿井、矿洞遗址、选矿场地为依托，以"印象铜都—地面选矿场—矿井体验矿区—矿工生活—回味铜都"为规划主线，营造"中国工矿旅游之都"的整体形象。以落雪矿洞遗址公园为龙头，带动小江沿岸旅游项目开发。

【主题功能】矿洞遗址主题公园：工业旅游、地质奇观旅游。

【项目组成】因民矿洞主题园、矿业博物馆、矿井体验区、选矿场、矿山娱乐设施等。

（2）泥石流景区

【规划背景】景区位于小江沿岸，范围包括小江泥石流、蒋家沟泥石流。小江天然泥石流具有较高的知名度，其中蒋家沟泥石流规模宏大，堪称"泥石流天然博物馆"。

【规划构思】按照国家地质公园的标准建设泥石流地质公园。其开发方向为科研观光型，并依托泥石流举办汽车拉力赛，把小江泥石流越野赛道打造成中国最著名的越野车爱好者天堂，使之成为昆明特种旅游的品牌。

【主题功能】地质地貌奇观：特种旅游、科考旅游。

【项目组成】泥石流天然博物馆、汽车拉力赛道、汽车越野赛场地、地质景观展示区。

（3）红土地景区

【规划背景】东川红土地指以东川区新田乡花沟村花石头社为中心方圆几十千米的范围，主要依托的资源为起伏山地、红色土壤、大面积农田、生态农业。

【规划构思】东川红土地景区分布较为集中，有利于进行系统规划和开发。计划将花石头打造成为我国第一个"红土地小镇"，并将其建设成为知名旅游小镇。

【主题功能】彩色大地，观光摄影。

【项目组成】大地景观：红土地街景、红土泥塑作坊、红土地微缩景观展览馆、红土地景象摄影展、红土地观景平台、农家乐等。

4. 禄劝高山冰雪旅游区

（1）轿子山景区

【规划背景】景区范围分属禄劝的乌蒙乡、雪山乡、转龙镇和东川的法者乡，总面积119平方千米。主要资源包括高山峡谷、溪流瀑布、冰雪景观、高山植被、云海雾山、高山湖泊等。

【规划构思】以轿子山高山峡谷、瀑布溪流、冰雪景观、高山植被等资源为依托，以"南国雪山、滇中圣山、春城花山"为规划主线，按照国家公园的理念和要求，构建一个集高山生态、南国冰雪、冰蚀湖群、神奇天象为一体的大型综合旅游区，营造"南国高山冰雪之旅"的整体形象。

【主题功能】南国雪山：森林生态、科普考察、登山探险、休闲度假。

【项目组成】四方井游客中心、下坪子别墅营地、登山索道、大黑箐森林营地、高山滑雪场、不朽林、冰碛湖、一线天等。

（2）皎平渡景区

【规划背景】景区范围包括皎平渡口、红军长征纪念馆、长征纪念碑、红军壁画、石板河阻击战场、普渡河革命烈士纪念碑等，总面积为2平方千米。主体旅游资源为红色旅游资源。

【规划构思】作为北部旅游圈红色旅游的一个重要组成部分，皎平渡以红军革命遗迹、金沙江自然资源为依托，以红色文化之旅和休闲度假为规划主线，结合现代旅游的趋势，从历史文化中挖掘独特的资源，开发出参与性强、体验性深的红色风情体验旅游产品，使之与观光旅游、休闲度假、科考探险等旅游产品相结合，形成一个旅游功能多元化的旅游产品体系。

【主题功能】红色记忆遗迹：历史传统教育、休闲观光、生态农业。

【项目组成】入口迎宾标志、历史陈列室、渡船码头、摄影平台等。

（3）云龙湖景区

【规划背景】景区范围包括云龙湖、掌鸠河、森林峡谷等云龙湖自然保护区，总面积为25平方千米，主要资源包括苗族村寨、彝族村寨、云龙湖自然保护区、云龙水库、掌鸠河等。

【规划构思】以云龙湖自然保护区为依托，以森林生态、水域风光和彝苗风情为主线，以生态保护为重点，打造生态保护型的旅游区，重点保护解春城之"渴"的云龙水库生态环境。

【主题功能】生态水域风光：生态科考、休闲度假、彝苗风情。

【项目组成】云龙湖水库、景观大坝、森林湿地、峡谷游道、景区大门等。

5. 富民农业生态旅游区

（1）伽峰山景区

【规划背景】景区位于富民县城西北10千米处，面积为7.8平方千米，依托资源为奇山怪石景观、高山花海景观、高山草甸景观、原始森林景观、山地湖泊景观等。

【规划构思】利用已经初步建成使用的伽峰山乡村营地为先期启动，加大项目建设力度，不断丰富景区游览和休闲内容，综合建设完善接待设施和配套设施。

【主题功能】生态旅游：自然天地伽峰山，生态休闲新鲜游。

【项目组成】观景平台、农业生态休闲旅游、高山草甸区休闲娱乐项目、原始森林景观观赏景区、森林野营自助度假项目、飞来寺及飞来湖景区建设、马樱山花海景区建设、老鹰岩景区建设、望川崖景区建设。

（2）小水井景区

【规划背景】景区规划范围，包括整个村寨及部分外围地区，规划面积 2.2 平方千米。依托资源有基督教文化、纯正的苗族文化、高原山地自然风光。现有大量的游客自发地进入小水井苗寨去游览，旅游接待以农家乐为主。

【规划构思】以"唱诗班"树立品牌，吸引游客前来体验，以苗家文化（如服饰、饮食、医疗等）和自然风光留住游客的"一点推动两点"的发展战略。

【主题功能】民族旅游：文化体验、科普考察、自然观光。

【项目组成】天籁之音、村寨博物馆、苗族疗养中心、苗家乐、苗寨休闲中心、旅游观光塔等。

（3）河上洞景区

【规划背景】景区范围位于富民县石坝村西，距县城 4 千米，包括整个溶洞及部分外围地区，规划面积 1 平方千米。依托资源有溶洞奇观、峡谷风光。目前主要开展的是观光旅游活动，处于旅游开发的初级阶段。

【规划构思】在旅游开发过程中，应当以溶洞观光产品作为基础产品，同时充分利用河上洞峡谷秀丽的风景、陡峭的悬崖来发展特种旅游。

【主题功能】户外旅游：观光、探险、特种旅游。

【项目组成】洞内景观、攀岩基地、野外徒步营地、摄影之旅、激情漂流等。

（四）旅游开发项目匡算

1. 旅游项目建设分期

根据昆明北部五区县旅游业现状，将建设周期划分为三期，并对各期的建设重点内容进行规划。

一期（2008~2010 年）建设内容：按照规划部署和功能需求，重点建设轿子山景区、北大营景区、伽峰山景区、红土地景区、杨林镇景区、星河温泉景区，同时开始道路、水电、通信等基础设施建设，并加强市场营销力度，构筑北部旅游区的框架，达到打基础、促发展的目的，把北部旅游区建设成为昆明市的新兴旅游目的地和山地特种旅游区。

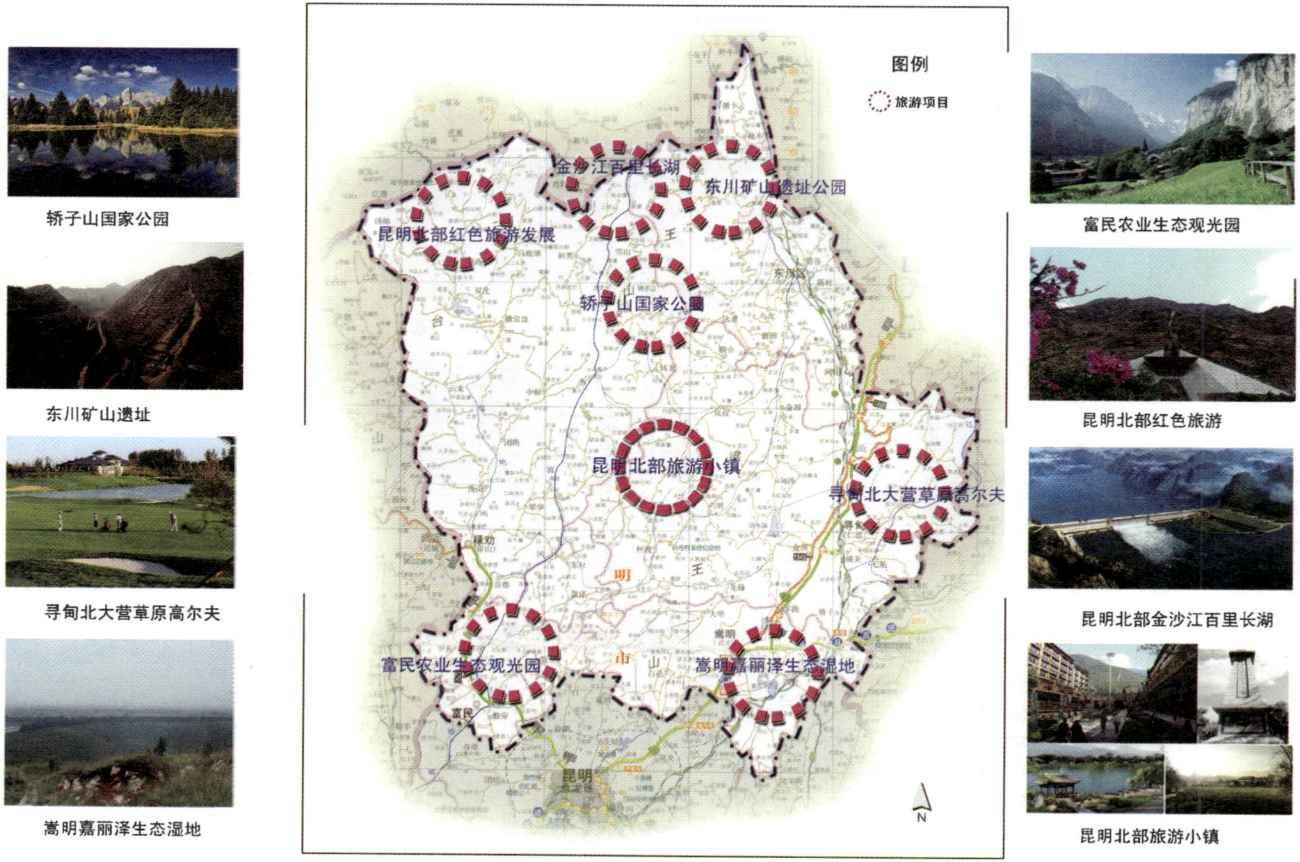

图 1.2.3 重点旅游项目分布

轿子山国家公园

东川矿山遗址

寻甸北大营草原高尔夫

嵩明嘉丽泽生态湿地

二期（2011~2015年）建设内容：在一期基础上重点建设矿洞群景区、凤龙湾景区、嘉丽泽景区、皎平渡景区、河上洞景区，同时完善基础设施和旅游项目建设，进一步加强旅游区管理、营销与服务，把北部旅游区建设成为云南省旅游二次创业的示范区和特色旅游发展区。

三期（2016~2020年）建设内容：在一、二期基础上重点建设长松园景区、泥石流景区、云龙湖景区、小水井景区，树立旅游区的品牌形象，把北部旅游区建设成为国内南方最佳冰雪旅游胜地和春城草原高尔夫胜地，成为国际知名的山地特种运动旅游度假胜地。

2. 旅游项目投资匡算

由于昆明北部旅游圈项目建设所需资金巨大，为了保证项目建设的顺利实施，遵循"分期建设、滚动发展、逐步完善"的原则，多渠道筹集建设资金。同时实行"谁投资谁受益"的原则，给予投资商更多的优惠条件和政策，多渠道筹集资金，吸引外资、内资和社会资金等参与项目建设。根据旅游景区的建设周期安排，一期预计投资16.7亿元，二期预计投资8.7亿元，三期预计投资2.6亿元。

表1.2.4 旅游项目投资估算一览

项目名称	主要功能	投资规模（亿元）	开发时序		
			近	中	远
嵩明县		5.5			
嘉丽泽景区	水乡养生基地	3		▲	
长松园景区	休闲娱乐园区	0.5			▲
杨林镇景区	历史文化小镇	2	▲		
寻甸县		3.6			
北大营景区	草场康体运动	2	▲		
凤龙湾景区	自然山水公园	0.6		▲	
星河温泉景区	温泉度假小镇	1	▲		
东川区		3.7			
矿洞群景区	矿洞遗址体验	3		▲	
泥石流景区	自然奇观考察	0.5			▲

续表

项目名称	主要功能	投资规模（亿元）	开发时序 近	中	远
红土地景区	红土高原摄影	0.2	▲		
禄劝县		5.5			
轿子山景区（含东川部分）	高山冰雪体验	5	▲		
皎平渡景区	红色记忆缅怀	0.2		▲	
云龙湖景区	水生态域观光	0.3			▲
富民县		9.7			
伽峰山景区	农业生态观光	2	▲		
小水井景区	苗族风情体验	0.3			▲
河上洞景区	洞穴风光游览	0.4		▲	
旅游小镇					
阿子营	花卉旅游小镇	1			▲
柯渡镇	红色旅游小镇	1.5		▲	
倘甸镇	精品旅游小镇	2	▲		
转龙镇	登山营地小镇	2.5	▲		
合计		28	16.7	8.7	2.6

三、旅游产业与旅游产品

（一）旅游产业要素

1. 旅行社

（1）发展现状

旅行社是旅游活动的组织者和旅游地促销宣传的窗口。目前，昆明北部五区县有国际旅行社1家，占全市国际旅行社总量的4.2%；国内旅行社4家，占全市国内旅行社总量的2.2%。旅行社分布情况是嵩明1家，东川1家，禄劝1家，富民2家。

从旅行社的规模结构看，昆明北部五区县旅行社规模较小，仅一家国际旅行社；从地理分布看，只有寻甸县还未成立旅行社，其他各县区也只有少数几家旅行社；从旅行社产品看，北部五区县经营的产品主要是单一景区和饭店，尚未实现上下旅游企业之间的合纵连横；从管理水平看，北部五区县旅行社缺乏素质较高、更具竞争力的旅游专业人才。

（2）发展目标

昆明北部五区县旅行社的发展目标为：以建立现代旅游企业制度为重点，着重增强区域旅行社的旅游产品开发与销售能力，提高旅行社的对外竞争水平，形成以国际旅行社为先导、以国内旅行社为主体、区域布局合理的旅行社接待网络体系。

①近期（2008~2010年）：优化旅行社布局，增加2~3家国际旅行社，各县均设立1~2家国内旅行社，做到县县都有旅行社。

②中期（2011~2015年）：积极推进旅行社的集团化经营与网络化经营，培育以旅行社为主体、具有品牌优势、开展地区经营的旅行社企业集团。

③远期（2016~2020年）：运用信息网络、电子商务技术与传统旅行社业务的聚合效应，大力推进旅行社的省内、省际与国际合作，开展旅行社的联合促销，充分发挥旅行社在旅游产品开发、旅游市场开拓及服务接待等方面的先锋作用。

（3）发展要点

①各区县重点扶持发展1~2家国内旅行社，以满足国内旅游迅速发展的需要；在北部五区县增加国际旅行社和中外合资旅行社，以加强国际旅游合作；进一步扶持民营旅行社，优化旅行社结构和资本配置，激发旅行社业的活力。

②规范旅行社经营行为，开辟一批特色旅游线路和精品旅游项目，创建知名品牌；采取兼并、联合等方式进一步扩大旅行社企业规模，支持五区县旅游集团向跨地区、跨部门方向发展。

③组建以国际旅行社为先导、以国内旅行社为主体的旅行社接待体系；积极组织中低档价位的假日旅游、家庭旅游、近郊旅游等大众化旅游产品，并加强与昆明市其他旅游片区之间的横向联系，以进一步拓展国际和国内客源市场。

④改变"重组团、轻散客"的传统旅游经营方式，实现团队、散客、省内省外、区内区外、国内国外协调发展，形成多元化的客源市场格局。引进

先进的经营管理模式，提高全区旅行社的管理水平和竞争能力。

2. 饭店

（1）发展现状

饭店住宿业是旅游业的重要组成部分，它既是旅游业的重要支撑，同时又构成旅游吸引力的一部分。目前，昆明北部五区县拥有饭店40家，在昆明北部五区县还没有星级饭店，仅是在东川区存在一家预备四星级饭店，同时富民饭店业是以农家乐和度假山庄形式存在，约88家。

从饭店档次结构看，昆明北部五区县以中低档饭店为主，高档饭店数量较少，且饭店主要分布在县（区）城中心，其他地区分布较少；从类型上看，饭店类型单一，主要为政府招待所转型而来的宾馆，缺乏度假型、景观型、休闲型和特色型的饭店；从经营管理看，多数饭店经营时间较长，内部配套设施陈旧，服务项目和服务功能需改进和完善；从经营效益看，饭店的客源主要为政务型、本地型和商务型客人，旅游型、外地型、散客型游客比例不高，客源结构较单一，饭店客户的出租率也不高。

（2）发展目标

昆明北部五区县饭店业发展的目标为：饭店数量稳步发展，总体规模适度超前；旅游饭店区域布局趋于合理，类型日益多样化；经营管理日益规范化，改善服务质量，提高经营管理效益；以形成高中低档结合、饭店类型齐全、地区分布合理的饭店住宿业体系。

①近期（2008~2010年）：重点建设新兴旅游地的饭店住宿设施，适量增加高星级豪华饭店，增强北部旅游圈的旅游接待能力。

②中期（2011~2015年）：合理调整饭店住宿业的总量、类型、档次和布局，大力引进著名国际饭店连锁或管理公司，推广特许经营制、青年旅舍连锁经营等经营方式。

③远期（2016~2020年）：大力推行饭店住宿业的集团化经营、品牌化竞争，在区域范围内组建具有省内竞争力的旅游饭店联合体。

（3）发展要点

①在档次结构上，以市场为导向，调整饭店档次、类型结构。抓紧低档次饭店的改造和更新，适度新建具有国际先进水平的高档豪华饭店；在保证服务质量的前提下，着重提高各档次饭店的经营管理水平，突出特色化经营。

②在类型功能上，多样化与专业性相结合。应根据各地自身的实际情况，兴建一批专业性饭店，如度假型饭店、景观型饭店、会议型饭店等；同时配

合建设适量的商务、会议、度假、家庭、青年旅舍、汽车旅馆和一些露营地。

③经营方式上，走集约化经营、集团化发展之路。积极引进著名国际、国内饭店联号管理公司，拓宽饭店业的客源渠道，提高饭店的整体经营管理水平；在北部旅游圈内组建饭店联合体，以增加饭店业的市场竞争力。

④加快行业体制改革，塑造饭店住宿业市场主体。目前北部区县许多饭店与政府部门有直接的隶属关系，饭店资产关系复杂，过分依赖政府的政策与扶持。要提高这类饭店的经营管理水平就必须使其成为真正的市场主体，在市场中自主地适应"优胜劣汰"的公平竞争。

3. 旅游餐饮

（1）发展现状

昆明北部五区县物产丰富，饮食文化颇具渊源，民族餐饮具有特色，发展餐饮业具有得天独厚的条件。但就目前该区域旅游餐饮收入占旅游总收入的比例来看比例还较低，餐饮业的优势远没有发挥出来。目前，昆明市北部五区县提供餐饮服务的有宾馆饭店的餐厅、各种档次的餐馆酒楼等。区域内有各类餐馆（餐厅）1333家，每日约可容纳7万人就餐。

目前，昆明北部五区县在餐饮业方面存在的问题有：一是餐馆档次普遍偏低，餐厅服务水平较低，卫生状况亟待改善；二是尽管餐馆数量众多，但缺少食娱结合、文化氛围浓郁的主题餐厅；三是菜系方面没有形成鲜明特色，名特产餐饮产品不多。因而，昆明北部旅游圈在旅游餐饮方面上，需要在两个方面下功夫：一是整理和开发地方名特产餐饮产品，二是提高和改进餐馆的档次和服务水平。

（2）发展目标

旅游目的地餐饮接待质量直接影响着旅游者对旅游地的印象。昆明北部五区县旅游餐饮业发展的目标为：弘扬地方传统的饮食文化，开发具有特色的美食系列，同时加强规划和管理，形成兼有饭店餐饮、社会餐饮、特色餐饮，并融餐饮、娱乐、文化、休闲于一体的旅游餐饮业服务体系。

①近期（2008~2010年）：开发多层次、多种类型的餐饮产品，着重提高其服务及卫生水平，在各主要旅游区配套建设适量的旅游餐厅。

②中期（2011~2015年）：充分发挥餐饮业灵活性、大众化的特点，采取多种经营方式，培育出有文化气息和经营品牌的餐馆和菜肴。

③远期（2016~2020年）：提高各种类型餐饮设施的服务质量和档次，培育一批旅游特色餐饮名店，形成饭店餐饮、社会餐饮、景区餐饮互补的良好格局。

（3）发展要点

①发展特色精品餐饮。一是推出具有独有风格的餐饮品牌，如雪山野菜宴、雪山山珍席、彝族风情宴等，开发重点在于树立品牌，强化其在游客心目中的影响；二是推出地方特色浓厚的餐饮，这些餐饮虽然不具有唯一性，但可以抢先开发，形成特色，形成品牌。

②丰富餐饮文化内涵。文化内涵丰富的餐饮会具有更强的生命力，这需要在饮食传统、烹饪技巧、歌舞表演、祭祀仪式、节庆活动等方面进行挖掘、整理和开发，北部五区县在历史文化、民族文化方面有深厚的积淀，与餐饮结合的潜力十分巨大。

③优化餐饮环境。餐饮点的建设应符合环保、城建、景区景点的要求，尤其要尊重游客的行为特征，选择最佳合适的位置。餐饮点建筑的外部观感和内部装修应与餐饮需求和周围环境相协调。

④建立绿色餐厅。结合有关农业观光项目，推出一批绿色餐厅，专门烹饪、提供绿色食品，如全部用无公害蔬菜、开发各类食用野菜、保健餐饮和药膳等；绿色餐厅的建筑风格应突出顺应自然、保护环境的主题，并尽量反映当地的民族建筑特色。

4. 旅游购物

（1）发展现状

旅游商品可以极大地提高一个地区的旅游附加值，是旅游消费弹性较大的消费项目。目前昆明北部五区县开发的旅游商品有三类：食品系列，包括普洱茶、干菌、干果、火腿、卤腐、干巴、烤鸭、果脯、果汁、卷烟等；纪念品系列，包括斑铜、仿古铜、干花、牛角梳、鲜切花、玉石珠宝、民族服饰等；旅游用品系列，包括太阳伞、雨伞、太阳帽、太阳镜、矿泉水、登山手杖、帐篷、拐杖、餐具、提篮、提篓、背包等。

北部五区县的旅游商品的开发虽有一定基础，但也存在若干问题：一是旅游商品的地方特色不鲜明，产品样式和款式单一；二是旅游商品开发生产较为粗糙，不精巧、不细致和不便携带；三是没有形成有代表性的旅游商品市场和品牌产品。

（2）开发目标

昆明北部五区县旅游商品开发目标为：对旅游商品进行深度开发，拉长本地区旅游产业链，实施"理想购物工程"；以文化挖掘和技术创新为中心，实现旅游商品开发的系列化、规模化、精品化，形成商品种类齐全、地方特色显著、销售网点布局合理、市场管理科学的旅游购物网络。

①近期（2008~2010年）：挖掘和开发多层次、多种类型的旅游商品，在主要旅游区开辟旅游商品销售场所。

②中期（2011~2015年）：将地区资源转化为经济优势，培育出有文化气息和经营品牌的旅游商品。

③远期（2016~2020年）：提高各种旅游购物经营场所的设施档次和服务质量，形成旅游购物的良好格局。

（3）开发体系

根据昆明北部五区县的资源禀赋和市场特征，立足本区，放眼全省，将本地区的旅游商品资源提升、改造和包装，不断推进旅游商品开发的广度和深度。北部五区县可开发的旅游商品包括四类。

①观赏花卉系列：以报春、百合、玫瑰、杜鹃、茶花等为代表的鲜花，以盒装干花、袋装干花、瓶插干花、工艺品干花等为代表的干花，以根雕盆景、袖珍植物盆景、山石盆景、河石盆景等为代表的盆景，以树叶、树干、花卉、树根、果实等为代表的植物标本。

②土特产品系列：以汤退羊、燕麦炒粉、禄劝壮鸡、乌骨鸡、七彩山鸡等为代表的风味食品；以庄荄瓜、大树杨梅、鸡枞、板栗、葡萄、柑橘等为代表的水果；以脆皮花生、白芸豆、松子、洋芋、牛皮等为代表的土产品。

③中药保健品系列：如三七制品、天麻制品、珠子参、云茯苓、当归、云木香、红大戟、米醋等。

④手工艺品系列：包括竹木器、刺绣、五彩羊毛毡、竹编、篾扎、银铜制品、羊毛编织、根雕、盆景、山羊板皮、漆器、擀毡、陶器、银饰、蜡染等。

（4）开发要点

①加大对旅游商品开发的扶持力度。各区县把旅游商品的开发、生产和销售引入旅游产业总体发展规划和议事日程，促进旅游商品的开发、生产和销售，加大旅游商品开发的招商引资力度，使旅游商品开发上档次和规模。

②发挥市场机制和骨干企业的示范带动作用。对在市场竞争中已走出成功路子并获得市场认同的企业，通过发挥这些企业的示范作用，引导和带动其他企业向生产集约化、经营规范化、产品名牌化的目标发展。

③支持旅游商品科研、设计及产品创新。积极鼓励和支持有创新意识和有条件的研究设计单位与企业紧密结合，为企业进行产品设计创新，开发具有地方特色的精品旅游商品。

④实施旅游商品名牌发展战略。积极鼓励和大力推广注册商标和专利申

报，以此来提高和维护旅游商品特别是名牌产品及商家的声誉；加大新闻媒体的宣传力度，向海内外宣传和推荐名牌旅游商品，增强市场拓展的影响力。

5. 旅游娱乐

（1）发展现状

文化娱乐是第三产业的组成部分，也是旅游消费食、住、行、游、购、娱中的重要消费环节。昆明北部五区县已布局有一些娱乐设施，包括电影院、体育馆、歌舞厅、游泳馆等，也形成了一些自发的群众民间节庆、娱乐、体育活动等。但昆明北部五区县尚未形成合理针对旅游者的专项娱乐设施和文化娱乐项目。同时休闲娱乐设施档次不高，缺乏规模较大的文化娱乐场所和项目；另外旅游景区的娱乐活动项目缺乏表演性、参与性和健身性的特征。

（2）发展目标

昆明北部五区县旅游娱乐业的发展目标为：通过开展类型多样、体现地方文化特色、具有较强参与性的娱乐活动，改进和完善城市公园、城镇广场、地方戏剧场所等文化设施，提高旅游娱乐消费，形成参与性强、品位高、类型齐全、管理规范的旅游文化娱乐体系。

①近期（2008~2010年）：形成合理的娱乐设施布局，重点是宾馆饭店内娱乐设施的完善，旅游接待中心和旅游依托地娱乐设施的建设。

②中期（2011~2015年）：把娱乐活动向重点旅游景区景点延伸，开展各种表演性、参与性、健身性的娱乐活动项目，增加游客的旅游开销。

③远期（2016~2020年）：提炼出具有地方特色的旅游娱乐项目，通过公司的运作进行重点开发经营，使之成为有影响力的精品旅游娱乐项目。

（3）发展要点

①挖掘地方民族文娱项目。对昆明北部五区县的文化资源进行整理、挖掘和开发，创作文娱表演节目，开辟演出场所，组织文艺表演队伍等。开辟专门场地，设计建造民俗风情窗和表演广场，展示民族舞蹈、民族音乐、民俗节庆活动。

②整合旅游节庆活动。需要对这些旅游节庆活动资源进行提炼，形成既有强烈的地方文化色彩，又有显著的经贸关联功能，同时又有宣传促销效应的主题旅游节庆活动。如轿子雪山冰雪赛、东川汽车拉力赛、寻甸骑马摔跤赛、富民农家乐民族歌舞赛等。

③发展旅游文博事业。大力发展文化馆、图书馆、博物馆等，这些场馆既肩负着文化科技的普及传承职责，同时也是向游客宣传、介绍和传播地方文化的重要窗口，在旅游开发中使旅游与文博互为依托，互相促进。

④开展民族体育竞技活动。昆明北部五区县拥有开展体育健身娱乐活动的优越条件，如滨湖水域健身活动（滑草、滑冰、漂流、游艇、水上摩托等）、特种旅游活动（汽车拉力赛、自行车、摩托车、攀岩、滑草、蹦极等）、高山雪域康体运动（滑雪、滑冰、登山等）、高空运动游乐活动（跳伞、滑翔、热气球等）。

（二）旅游产品体系

1. 旅游产品定位

根据旅游资源特征与客源市场需求，将昆明北部旅游圈的旅游产品开发作三个层次的定位。

第一梯度为品牌产品：从核心资源看，昆明北部旅游圈的高山冰雪景观、高原草原景观和矿山工业遗址是本区域最具震撼力和最具市场卖点的旅游资源，因而应将高山冰雪旅游、草原康体旅游、工矿遗址旅游作为品牌产品培育。

第二梯度为重要产品：从资源多样性看，昆明北部旅游圈的湖泊湿地、农业园区和森林生态是本区具有优势和拥有市场影响力的旅游资源，因而应将养生保健旅游、生态农业旅游、生态科考旅游作为重点旅游产品打造。

第三梯度为配套产品：从资源特色看，昆明北部旅游圈的小江泥石流、高山峡谷、红军长征遗迹等是本区的特殊旅游资源，因而应将泥石流奇观旅游、极限运动旅游、红色文化旅游作为配套旅游产品开发。

表1.3.1　昆明北部旅游圈旅游产品体系

产品地位	品牌产品	重点产品	配套产品
产品系列	高山冰雪旅游 草原康体旅游 工矿遗址旅游	养生保健旅游 农业生态旅游 生态科考旅游	泥石流奇观旅游 极限运动旅游 红色文化旅游
产品价值	构筑核心竞争力	丰富产品类型	提升产品品位

2. 旅游产品组合

根据昆明北部旅游圈的旅游产品状况，按照现在已有和将来拟开发所涉及的产品形态进行组合，其旅游产品的广度方面包括地文景观、水域风光、生物景观、天象景观、历史遗迹、休闲健身、城乡风光、商品购物，在深度方面可归纳为景观游览（怡身）、体验感受（怡神）、挑战自我（怡心）三大类。

3. 旅游产品开发系列

（1）品牌旅游产品

①高山冰雪旅游产品

依托禄劝、东川轿子山高山森林、溪流峡谷和四个月的积雪期，以高山滑雪、冰瀑观赏、冰湖滑冰、花海摄影和万千天象等游览内容为主，开展高山攀登、冰雪运动等高山冰雪之旅专题游。

【目标市场】国内与国际旅游市场。

【产品组成】轿子山四方井草场、下坪子竹林、大黑箐、花溪、天池、木邦海、一线天峡谷等。

【产品开发要点】

◆完善基础设施。修建由东川方向至轿子山索道，完善禄劝方向至轿子山索道；完善轿子山道路标识、旅游标识和安全设施。

◆完善旅游设施。兴建轿子山游客服务中心，改造由东川和禄劝进山公路和轿子山游览道路，合理配置其他旅游设施，以提高游客体验质量。

◆拓宽入口公路。配合小城镇建设，建设茨坝—阿子营—柯渡—倘甸—转龙的一级公路，彻底改善轿子山的可进入性。

②草原康体旅游产品

依托寻甸北大营草场及其周围湖泊、星河温泉、凤龙湾山水风光等资源，以高尔夫运动、草场度假、游牧骑马、自行车野越等草原体育活动为主，开展高尔夫、骑马、越野等草原康体之旅专题游。

【目标市场】国内与国际旅游市场。

【产品组成】北大营草场、星河温泉、凤龙湾、红色庄园等。

【产品开发要点】

◆修建进入景区公路。包括由县城—北大营和北大营—凤龙湾的公路，改造北大营景区内部公路，改造凤龙湾的游览道路，提高旅游的舒适性。

◆建设游客服务中心。在北大营、凤龙湾建设满足游客需要的旅游服务中心，提供信息咨询、景区导游、设备租借等景区配套服务。

◆举行赛事带动游览。通过举办"高尔夫名人邀请赛""南方草原马术赛"等高端赛事，提高景区的影响力和市场号召力。

③工矿遗址旅游产品

依托东川铜都及因民、落雪、汤丹、烂泥坪四大矿区，重点开发因民矿区，以废弃的矿洞、选矿厂、冶炼厂等矿山遗址为游览内容，开展"铜都"矿山工矿遗址之旅专题游。

【目标市场】国内市场。

【产品组成】矿洞升降机械、地下矿洞、采掘平台、矿层剖面、地上选矿厂、矿山博物馆、矿石冶炼厂等。

【产品开发要点】

◆开发废弃矿洞。选择已经废弃的矿洞,通过清理整治、疏通巷道、安装照明等措施,展示矿洞的地质结构、地层变化、矿物质特征、开采设备等,开辟可以供人参观游览的通道。

◆兴建地面设施。在矿洞附近选择恢复选矿厂,配置各种机械设备,将选矿和冶炼的工业生产的过程、工艺、流程以及各种矿物的特点等展现给游客,尤其可以展示不同时代的生产工艺。

◆建设铜都博物馆。通过图片、动画、电影、实物等多种手段向游客展示铜矿资源、伴生资源、开采方法、冶炼技术和应用领域,尤其是东川采矿的悠久历史和对国家的贡献。

(2)重点旅游产品

①养生保健旅游产品

依托嵩明嘉丽泽湖泊、生态湿地、海潮寺、滨水别墅、养生基地、农业观光园等,以良好的自然环境、传统医疗手段、生态农业等为主要内容,开展健康运动、休闲保健、休养疗养等养生保健专题游。

【目标市场】国内和国际旅游市场。

【产品组成】湖泊湿地、休闲小镇、养生基地、生态农业园、海潮寺等。

【产品开发要点】

◆启动生态环境工程。将嘉丽泽生态环境建设与嵩明坝子核心吸引物结合起来,通过恢复并扩大嘉丽泽湖泊水域面积,形成湖面、湿地、河流景观,以高质量的水域风光带动周围小城镇建设。

◆建设休闲养生基地。依托湖泊湿地开发建设休闲养生基地,挖掘传统养生文化、提炼国内外养生方法、总结养生保健食谱、营造休闲养生氛围,把嵩明坝子建设成为昆明的养生保健天堂。

◆建设特色风情小镇。以嘉丽泽为中心,重点建设嵩阳中心小镇、杨林历史文化小镇、牛栏江风情小镇,将旅游开发与城镇建设结合起来。

②农业生态旅游产品

依托富民伽峰山、白花山庄、葡萄果园、乡村田野、湖泊池塘等,以生态农业、度假山庄、蔬菜果园等为主要内容,开展农业生态观光、农家生活体验、乡村休闲等农业生态之旅专题游。

【目标市场】国内与国际旅游市场。

【产品组成】生态农业、度假山庄、乡村农舍、田野风光、湖泊池塘等。

【产品开发要点】

◆建立大型农业生态园。整合现有分散的农业园，形成葡萄园、蔬菜园、梨园、桃园、花卉园等若干主题功能园区，以乡间道路连接，农家山庄点缀其间，构成一个主题、一个山庄、一片园区的格局。

◆引入现代农产品加工厂。对当地所产水果、蔬菜、土产品等进行深度加工，并展示农产品加工过程、工艺、流程，以提供现代农业生产和加工的最新概念。

◆营造文明卫生的乡村环境。加大对村庄、道路、庄园的环境整治力度，提高环境的卫生水平。

③生态科考旅游

依托轿子山自然保护区、金沙江峡谷、湖泊水库湿地等资源，以森林植被景观、峡谷地质地貌、湖泊水库游览、湿地体验等活动为主，开展山地森林考察、地质地貌科考、湿地游览等生态科考之旅专题游。

【目标市场】国内和国际旅游市场。

【产品组成】轿子山自然保护区、金沙江峡谷、生态湿地、专题博物馆等。

【产品开发要点】

◆建设科考观察站。分别在轿子山、金沙江峡谷、小江、湖泊等地建立科考观测站，同时通过文字、图片、影视、实物展览等多种手段展示生物多样性和地质构造、地貌形态及泥石流和湿地的相关知识。

◆举办专业学术会议。依托科研资源，定期举办各种专业学术，吸引众多国内外专家学者前来考察和进行科学研究，使其成为一些学术研究的基地。

◆举办科普文化活动。结合山地文化、雪山秘境、激涌泥石流、美丽湿地等开展丰富多彩的科普活动，使游览观光和科普教育有机地结合起来。

（3）配套旅游产品

①泥石流奇观旅游

依托东川小江泥石流、蒋家沟泥石流等泥石流资源，以地质地貌、特种旅游等为主要内容，开展泥石流天然博物馆、泥石流汽车拉力赛、泥石流汽车越野赛等专题游。

【目标市场】国际与国内特种旅游市场。

【产品组成】泥石流天然博物馆、泥石流汽车拉力赛、泥石流汽车越野

赛等

【产品开发要点】

◆建立泥石流博物馆，集知识性与趣味性于一体，通过文字、图片、摄影、电视等向游客展现泥石流的地质历史，形成原理，以及治理泥石流的方法，宣传绿色环境理念。

◆采用现代化的手段和技术，修建专业的赛车场地和赛道，使场地达到国际先进水平。同时修建专业看台，将专业赛车的整个过程展现给游客。

◆加强水土流失的治理工作，将泥石流的范围控制在现有区域，使泥石流在成为旅游资源的同时减少对当地环境的影响。

②极限运动旅游

极限运动逐渐在一部分游客中流行，而且具有专业化强、消费水平高的特性。由于具有良好的自然条件和区位，昆明北部旅游圈层发展极限运动有着良好基础和前景。

【目标市场】国内和国际市场。

【产品组成】螳螂川、红土地、东川金沙江河谷摩托车越野、汽车拉力赛、定向运动、乌蒙山、轿子雪山等。

【产品开发要点】

◆针对性的宣传。由于极限运动的目标市场有限，在旅游宣传时，要注重对目标市场和宣传手段的选择，以提高旅游宣传的效率。

◆专业化的服务。由于极限运动需要专业的教练指导，需要专门的器材，所以在开展极限运动的时候必须对员工进行专门化的训练和培训，以不断提高服务质量。

③红色文化旅游

伟大领袖毛主席的《长征》名垂千古："红军不怕远征难，万水千山只等闲。五岭逶迤腾细浪，乌蒙磅礴走泥丸。金沙水拍云崖暖，大渡桥横铁索寒。更喜岷山千里雪，三军过后尽开颜。"而其中的乌蒙山、大渡河、铁索桥便坐落于昆明北部旅游圈层内。而关于红军长征的故事则更加普遍地流传于昆明北部旅游圈地域内。

【目标市场】国内旅游市场。

【产品组成】乌蒙山、大渡河、皎平渡、树桔红军渡、柯渡丹桂村、普渡河铁索桥、红军长征纪念塔等。

【产品开发要点】

◆合理宣传。"红色文化"为中华民族的"精神之花"，在旅游宣传过程中，宣传部门注重审定重大宣传报道和陈列内容，指导广播、影视、报刊和网络等媒体搞好宣传推广工作，为发展红色旅游创造良好的社会舆论氛围。

◆合理设计旅游线路。红色旅游资源一般处于交通欠发达地区，所以在旅游线路的设计过程中要充分考虑目的地的可进入性，同时也尽量让旅游者感受到红色旅游资源的魅力，真正体会到红军当年长征的感受。

◆完善基础设施。加强道路交通设施的建设，同时加强各种展馆建设和相关历史遗迹的保护。

◆多角度开发。红色旅游开发过程中，可以挖掘红色文化中的"餐饮文化""娱乐文化""医疗文化""教育文化""体验文化"等。

4. 五大节庆活动

节庆活动本身就是一种吸引物和特种旅游产品，不仅对塑造形象、扩大影响意义重大，而且是招商引资、形成热潮的主要渠道。通过梳理和提炼此类民俗风情和节庆活动，昆明北部旅游圈可推出五大品牌节庆活动。

（1）轿子山冰雪节

在"滇中脊梁"美称的禄劝轿子山景区内，郁郁葱葱、苍翠欲滴的原始林区，古树参天，峰峦叠翠；峡壁上苍郁蓊翳，垂吊着挂满浆果的长长藤蔓和成片成片的蕨叶，蜿蜿蜒蜒、婀娜多姿；更兼那晶莹圣洁的冰雪世界，似幻似真，美至极点，极具市场卖点。根据资源禀赋，可规划：每年的春节前后，召开"禄劝轿子雪山冰雪节"，使昆明旅游随着"轿子雪山冰雪节"走向国际、走向世界。

【目标市场】国内和国际旅游市场。

【旅游主题】旅游观光度假、体育竞技、商贸洽谈、会议会展。

【节日发展要点】

◆加大宣传。通过高密度的宣传，提高市场知名度，吸引国内外旅游者参与到节日活动中来。

◆合理组织。活动举办期间游客众多，为了保证旅游者能够获得良好的旅游体验，必须经过周密的组织和预测。

◆游客参与。旅游节庆活动的魅力来源于旅游者的参与程度，所以必须精心设计各项旅游活动，让不同层次的旅游者都可以参与到相关的旅游活动中去。

（2）寻甸草原赛马节

寻甸北大营草场风景秀丽，是为数不多的四季如春的草原，草场平坦，海拔适度，适合赛马等竞技活动。规划在每年三月，举办"寻甸赛马节"活动。通过赛马节将北大营草场推向更广阔的市场。

【目标市场】国内旅游市场。

【旅游主题】体育竞技、观光旅游。

【节日发展要点】

◆高层次。利用北大营的草原优势，在举办赛马节进行宣传的同时吸引国内外大型赛马比赛的组委会和运动员在北大营设立长期的比赛场地和训练场地。

◆加强宣传引导。要加大对北大营赛马的宣传力度，通过宣传赛马节对赛马的理念进行进一步的阐释，引导游客加入到这一运动中来。

◆设施高标准。加强赛马比赛所需的基础设施的建设，以国际标准严格要求设施的标准性和安全性。

（3）东川汽车拉力赛

东川由于独特的地形条件，非常适合举办汽车拉力赛，现在每年一度的东川汽车拉力赛在国内外已具有一定的知名度，但是需要进一步做大、做强。

【目标市场】国内和国际旅游市场。

【旅游主题】体育竞技、特种旅游。

【节日发展要点】

◆高起点。完善各种基础设施建设，提高可进入性，吸引高级别的车队和车手参与到赛事中来，吸引具有全球影响力的赞助商投入到赛事中来。

◆扩大宣传。加大资金投入力度，扩大宣传规模，拓宽宣传渠道，充分利用网络、报刊、电视等相关媒体。

◆丰富赛事配套活动。通过各种形式，如"嘉年华"，来丰富赛事业余的活动，可以提高旅游者的选择性，同时也可以增加目的地的魅力，提高旅游收入。

（4）富民农业观光节

山川秀丽、民风古朴的富民，因其民间文化绚丽多姿、物产丰庶而闻名，近几年更成为昆明市民假日休闲、度假、农家乐的新兴地。规划在每年的十一国庆期间，举办"富民农业观光节"活动。通过节日的影响力将富民生态旅游推向更广大的市场。

【目标市场】国内旅游市场。

【旅游主题】生态农业体验、农业商贸洽谈等。

【节日发展要点】

◆结合当地传统农业活动。将大型农产品商贸会、赶摆、歌舞集会等一系列的活动融为一体，让旅游者体验生态农业的同时可以感受到当地独特的农业文化，可以参与到一些独具特色的活动中去。

◆政府加强引导。政府引导主要体现在对节事活动的组织和对农业新技术的引进以及宣传促销上，通过政府力量不断提高节事的影响力。

◆深度加工。对于各种农产品要有一部分采取深度加工，如酿酒、生产工艺品等，通过深度加工可以提高旅游者体验的深度，同时也可以提高农产品的附加值。

（5）嵩明养生敬老节

依托嵩明嘉丽泽生态湿地、养生休闲产品、湖泊娱乐等，开发美食、运动、医疗、生理美容等养生项目，分季节定期开展养生节，以全面提升嵩明康体养生的概念，打造国内和国际的养生标志性基地，成为国内外游客的养生度假之地。

【目标市场】国内和国际旅游市场。

【旅游主题】休闲养生、康体疗养。

【节日发展要点】

◆高档次。结合现代养生市场的高标准理念，开发设计高档次的养生产品，吸引国内外旅游者前往嵩明参与养生，而后形成嵩明度假性质的养生基地形象。

◆组合产品。针对家庭市场、自驾车市场开发组合产品，使得养生产品成为大中型旅游产品，提升养生节的影响力。

◆采取联动战略。充分依托区域内的湿地、森林公园等资源，联动发展大范围的养生活动，丰富节日活动。

（三）旅游线路组织

旅游线路规划是以旅游日程安排和旅游线路设计为主体，并包含食宿、交通等内容在内的旅游服务要素组合。所以旅游线路规划应坚持以下原则：尽量避免重复经过同一旅游点；旅游景点距离适中；旅游景点选择适量；旅游景点顺序安排科学；行短游长，旅途交通时间应短，景区游览时间应长。

1. 四大专题旅游线（小区域线路）

（1）工业遗迹旅游线：铜都—汤丹—因民。

（2）金沙江旅游线：格勒—树桔渡—皎平渡—鲁车渡。

（3）生态湿地旅游线：嵩阳—杨桥—杨林—小街—牛栏江。

（4）红色经典旅游线：昆明—嵩明—寻甸—柯渡—禄劝—皎平渡。

2. 三大主题旅游线（中区域线路）

（1）轿子山冰雪花海旅游线（中线）：茨坝—阿子营—柯渡—倘甸—转龙—轿子山。

（2）北大营春城草原旅游线（东线）：昆明—嵩明—寻甸—东川—小江口。

（3）伽峰山生态农业旅游线（西线）：昆明—富明—禄劝—撒营盘—皎平渡。

3. 五大环线

（1）近郊小环线（昆明—富民—款庄—柯渡—寻甸—嵩明—昆明）。

（2）远郊中环线（昆明—富民—禄劝—倘甸—红土地—东川—寻甸—嵩明—昆明）。

（3）轿子山小环线（茨坝—阿子营—柯渡—倘甸—转龙—新山垭口—四方井—下坪子—轿子山—小龙塘—大厂—红土地—倘甸—柯渡—阿子营—茨坝）。

（4）矿山小环线（转龙—乌蒙—雪山—舍块—因民—汤丹）。

（5）金沙江百里长湖大环线（昆明—富明—禄劝—撒营盘—皎平渡—小坝塘—牛厂坪—树桔—格勒—东川—寻甸—嵩明）。

四、旅游形象与市场营销

（一）旅游形象定位

1. 地域文脉分析

旅游形象是由多种因素综合作用形成的，其在形成过程中，既要受到地域自然环境和文化传统的影响，同时又要受游客对旅游目的地感知情况的影响。

从地理位置分析，昆明北部旅游圈位于昆明市北部，其北部与四川省的会理、会东两县隔金沙江相望。其优势是横卧于滇、川两省之间，且紧挨云南省最大的游客集散地和主要的省内客源地——昆明，具有良好的客源；其劣势是由于山地较多，地形复杂，旅游景区之间交通距离长，可进入性差。

从水文环境分析，昆明北部旅游圈境内河流密布，由大小河流近20条，地处金沙江与南盘江分水岭地带。其优势是水系丰富，利于开展多种水上旅游娱乐活动；其劣势是虽然水系丰富，但是水运条件有限，大型游船游览方面难有作为。

从气候状况分析，昆明北部旅游圈属于低纬度、高原山地气候，受地形和海拔高度变化的影响，垂直气候特点明显。其优势是气候类型多样，有利于让游客感知不同气候带来的旅游体验，丰富旅游开发的层次；其劣势是与其他旅游目的地相比较，气候没有明显的个性特征。

从动植物资源分析，昆明北部旅游圈植被类型丰富多样，从亚热带到寒带气候条件的植被类型在区内均有分布。其优势是动植物种类横跨多种气候带，类型多样，为城市周边难得的天然公园，为开发生态、休闲旅游提供了雄厚的资源基础；其劣势是大多为水源保护区，生态环境敏感，给旅游开发和经营管理带来的限制和约束较多。

从文化成分分析，昆明北部旅游圈具有悠久的历史积淀，具有多姿多彩的民族文化，丰富的文物古迹。其优势是历史文化多样，有少数民族文化、基督教文化、军旅文化等，具有开发文化旅游的良好资源，对汉文化圈的旅游者具有一定的吸引力；但其劣势是，由于云南是一个多民族的省份，文化的多元化是一个较为普遍的现象，所以其民族文化存在一定的屏蔽效益；同时，随着交通状况的改变和外来文化的影响，一些少数民族文化成分也在逐渐消失。

2. 形象发展回顾

昆明北部旅游圈在旅游形象发展过程中，是以轿子雪山的"南国雪山、滇中圣山、春城花山"和富民县的"绿色家园，休闲天地"为代表的单个县域和旅游景区的旅游形象出现的，并且各自形成了一定的影响力，特别是轿子雪山由于宣传力度大和定位鲜明，使得旅游形象深入人心，影响深远，成为昆明北部旅游圈层的典型形象代表。

但纵观整个昆明北部旅游圈，虽然存在部分形象鲜明的景区、景点，但是没有形成一个统一的形象系统，更没有一个可以囊括整个昆明北部旅游圈整体地理文脉的鲜明形象。

这样使得旅游形象在旅游宣传过程中难以形成宣传的合力，同时旅游形象的宣传效率和在提升目的地的品位方面所发挥的作用也非常有限。因为零散的旅游形象策划和形象经营，使其运作成本较高。

3. 旅游形象定位

通过上文的分析，结合昆明北部旅游圈层的地理文脉特征和已有的宣传底蕴，昆明北部旅游圈的旅游形象应包含以下元素：

一是以轿子雪山为代表的南国雪山、冰雪世界，这是滇中地区唯一而具有独占性的旅游资源；

二是以昆明近郊为代表的生态农业、绿色田野、精品花卉，这是滇中地区农业生产的特点和优势；

三是以彝、苗、回、白、傈僳等少数民族为代表的民族风情,这是昆明作为少数民族边疆城市的缩影。

因此,本着突出重点,继承已有宣传成果的原则,充分发挥"南国雪山、滇中圣山、春城花山"和"生态自然"等已有的形象定位的魅力,现将整个昆明北部旅游圈形象定位为"冰雪世界,绿色天堂,民族乐园"。

此外,还可以选择像"滇中风情、北国风光""高山雪域、生态天堂、歌舞世界""长征之路、南国雪山、滇中胜境"等形象定位。

4. 旅游形象塑造

在目的地选择最能展示旅游地形象,且传播效果最佳的地段进行形象塑造就是旅游形象的塑造。通常旅游形象的空间塑造的核心区包括第一印象区、光环效应区和视觉通道区,现基于以上三点来对昆明北部旅游圈的形象塑造策略进行分析。

第一印象区:这些区域通常为游客必经和首先到达并十分重视的区域,要在这些地段树立或者强化游客的感知,先入为主,以达到事半功倍的目的。昆明市区为云南省旅游交通的枢纽,考虑到昆明北部旅游圈的交通现状,昆明机场、火车站、汽车站以及进入昆明的主要路口为重点考虑的"第一印象区";此外考虑到昆明北部旅游圈内部的交通结构和城镇结构,各县的重点城镇和主要入口也为"第一印象区的重点考虑对象"。

光环效应区:通常指旅游目的地的主要吸引物。根据以往在该区的规划经验以及调查,昆明北片区的主要旅游吸引物为"轿子雪山"。所以在以后的营销活动中,应当逐步树立这一景区在游客心中的核心地位。例如,在以后的电视网络上突出这一景区。同时还可以设计与这一景区相关的标志物作为昆明北部旅游圈对外宣传的标志体系的重要组成部分。

视觉通道区:主要是指通往昆明北市区的主要交通干道,和区内的一些主干道。昆明北部旅游圈层的景点在空间分布上具有分散性,游客在各个景点之间的流转需要一定的时间。所以要加强指示牌的设计工作,同时也可以通过一些个性化的路标、景点标志设计缓解游客旅途的单调和乏味,改善游客旅游体验的氛围和提高游客体验的质量。

(二)旅游市场促销

根据昆明北部旅游圈面对的不同市场实际情况,应采取不同的促销策略,做到有所侧重。

表 1.4.1　昆明北部旅游圈形象促销策略

目标市场	主打产品	促销主题	实施次序
昆明市其他地区	休闲度假、观光娱乐、登山探险、会议产品	生态湿地、农业观光、雪山风貌、草场度假	近期
周边近郊地区	会议产品、休闲度假产品、康体运动产品、自驾游产品	生态湿地、雪山风貌、草场度假、矿山遗迹	近期
省内其他地区	登山探险产品、会议产品	组合产品、会议产品	中期
省外市场	登山探险产品	宜人气候、低纬雪山、组合产品	中期
东南亚、南亚市场	登山探险产品、特种旅游产品、商务旅游、休闲度假产品	宜人气候、低纬雪山、组合产品	近期

1. 面向昆明市其他地区的促销重点

昆明北部旅游圈的旅游产品，首先是推出并面向昆明市的游客的。昆明市北片区五个区县以外的地区包括昆明市的五华、盘龙、官渡、西山、晋宁、安宁、石林、宜良等。北片区所推出的旅游产品包括生态湿地、农业观光、雪山探险、草场风情、矿山遗迹等，体现的是与其他地区不同类型的产品组合，产品的差异以及短途旅游、一日游市场的需求，无疑使得昆明市其他地区成为北片区的主要旅游市场。

主打产品：观光娱乐、休闲度假、雪山探险和会议产品。

促销重点：为了展现短途旅游、一日游的优势，北片区必须突出自身优势，以休闲度假、观光娱乐、雪山体验为主体，推出的促销主题包括生态湿地、农业观光、雪山风貌、草场度假。

宣传媒介建议：第一，根据昆明地区游客获得旅游信息的规律，收视（听）较高的电视台和广播电台为首选，但是也必须注重灯箱、海报等户外广告的宣传，宣传重点在产品、距离优势上。第二，与各大企事业单位建立友好联系，向其推出周末旅游产品。第三，选择《春城晚报》等知名度、普及性较高的报刊以及旅行社。

2. 面向周边近郊地区的促销重点

周边近郊地区指的是距离昆明北市区 200 千米以内的地区，如曲靖市、楚雄州、四川部分地区等。考虑这部分地区是因为空间距离较短，针对自驾游游客及单位组织的游客，旅游吸引力主要体现在地理区位、特色产品等。

主打产品：会议产品、休闲度假产品、康体运动产品。

促销重点：强调"轿子雪山""东川矿山遗迹""北大营草场"三大特

色产品，展现低纬雪山、特种旅游产品、高尔夫产品的吸引力，形成市场范围内的差异产品。虽然雪山、高尔夫产品在云南省很多地方存在，不乏国内外知名景区，但是品位高、差异性大的旅游产品会成为近距离游客的首选。

宣传媒介建议：主要采用地方电视台、报刊、户外广告牌等宣传方式，同时制作精美宣传画册，在促销宣传点适时推出产品。

3. 面向省内其他地区的促销重点

由于受省内地理条件约束，围绕昆明北片区的省内旅游市场所产生的吸引力是呈中心—边缘递减状态。

主打产品：登山探险产品、会议产品。

促销重点：面向省内市场，北片区应以昆明市区为依托，以商务、会议、带薪休假的游客为主要客源，利用北片区推出的组合产品和商务会议产品来吸引游客。

宣传媒介建议：昆明市内的灯箱、海报等户外宣传形式，以及省内其他地区的机场、火车站、汽车站等的宣传。

4. 面向省外市场的促销重点

主打产品：登山探险产品。

促销重点：云南为低纬雪山云集之地，而轿子雪山为低纬雪山，加之昆明宜人的气候，北片区在省外也存在部分客源，以来云南旅游，将昆明作为停靠点的游客为主要促销对象。

宣传媒介建议：在旅游杂志上刊登广告，同时与各大旅行社合作，建立旅游信息网，充分展现吸引力。

5. 面向东南亚、南亚市场的促销重点

主打产品：登山探险产品、特种旅游产品、商务旅游、休闲度假产品。

促销重点：东南亚、南亚国家出游率较高的地区，如马来西亚、泰国、新加坡、印度尼西亚等，上述地区处于亚热带、热带区域，与这些区域不同的旅游产品是吸引的重点，因此推出宜人气候、低纬雪山、组合产品等优势，开展商务旅游、度假旅游、雪山探险旅游等。

宣传媒介建议：以互联网传播媒介为主。

（三）旅游解说系统

1. 旅游解说系统构建的原则

（1）便利性原则。解说系统的设置要便于游客接受、使用。

（2）合理性原则。各种解说方式合理利用，做到经济与使用价值并存。

（3）趣味性原则。旅游解说系统的设置要结合旅游者的兴趣与特点，让游客在娱乐中了解知识。

（4）互动性原则。旅游解说系统的设置要充分考虑到旅游者的参与性，增加旅游者的主动选择性。

2. 旅游解说系统的构建

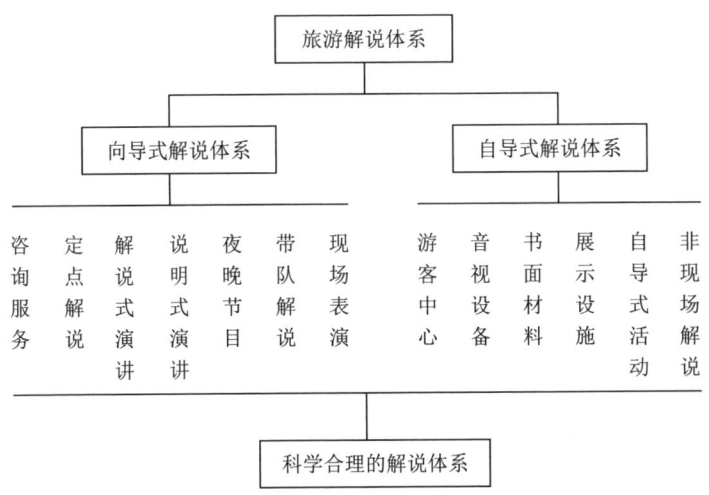

图 1.4.2　旅游解说体系构建

（1）向导式解说体系

向导式解说也称为导游解说服务，或人员解说，指以具有能动性的专门导游人员向旅游者进行主动的、动态的信息传导为主要表达方式的解说。包括信息咨询、导游活动、向团队解说、现场解说。

①咨询服务

一般在入口咨询处、游客服务中心等地点，为游客提供旅游和解说相关的服务。

②定点解说

通常是指在使用率比较高的地方，安排固定的解说员为游客提供非正式的个人解说。

③解说式演讲

解说式演讲可以发生在任何一个地方。解说式演讲通常在相对正式的礼堂、户外剧场、博物馆和游客中心入口处进行；较不正式的演讲通常以现场解说的方式在民族村落和自然景区进行。解说式演讲仅使用解说员的语言表达来传递信息，因此解说员是成功演讲的主要因素。

④说明式演讲

说明式演讲涵盖解说式演讲的所有要素，除了解说员的语言表达以外，还要加入视觉辅助，如幻灯片、小道具、高架的幻灯片、图表、黑板和张贴画等。

⑤夜晚节目

人们集聚在一起观看篝火晚会，夜晚节目可以为过夜的游客提供探索和使用其他解说服务的机会。

⑥带队解说

由解说人员带领游客沿事先计划好的线路，并对其参观据点一一加以解说。

⑦现场表演

通过舞蹈、戏剧、趣味活动等方式，对某一主题进行解说，使游客身临其境地感受当地的历史、文化或战争故事。

（2）自导式解说体系

自导式解说是由书面材料、标准公共信息图形符号、语音等无生命设施和设备，向游客提供静态的、被动的信息服务。具体形式包括游客中心、音视设备、书面材料、室内展览、自导活动、景点外或淡季时的媒体等。其中标志和牌示是最主要的解说媒体。

①游客中心

这是必需的宣传设施，通过各类专用的技术性媒介，使游客在此处简略了解游览区的规定、景观价值、该地区独特的风光，以及如何才能更好地享受和理解自然环境的美妙。

②音视设备

通过声音、影像、音效来传达信息，可以供个人或团体使用，如语音导览机、语音答录机、幻灯机、电视、音响以及电脑多媒体导览系统等。

③书面材料

书面材料包括解说牌、方向指示牌和解说出版物等，解说牌以图解或文字说明附近的自然景观、自然现象或人文事项，能将信息最快速地传递给游客，并且简单易懂。解说折页或手册通常将解说的对象由起点依顺序加以编号，并附上文字或图解说明，以供游客参考对照。解说出版物可以将游客想了解的信息印刷在纸张、卡片、布面上，也可制作成录音带、光盘、影带，包括传单、折页、手册和专题书籍，以及光盘、录音带等。一般是在固定的场所散发给游客，多数在游客中心或步道的起点，由专人发售、分发或让游客免费取阅。这类解说媒体可以给游客提供随时参阅的详细资料，游客可以将它带在身上并配合自己的游览速度使用，参观完以后可作为纪念品。

④展示设施

通常指位于室内的展示解说柜和壁画等，通常包括实体模型、动植物生态造型、民族工艺品等。

⑤自导式活动

通常游客使用频率高而导游无法随时提供解说服务的步道，都会采用自导式的解说方式。包括自导式步道和导游器等。

⑥非现场解说

非现场解说并不在游憩区进行，通常在旅游淡季，解说员排定广播或电视节目日程表，向学校或其他机构演讲或与学校老师合作进行环境教育课程等。解说员也使用许多非人员解说方式，如视听节目和展示品，或为报纸和杂志撰写文章等。

（3）解说系统的布局

旅游解说系统在空间布局上主要分布在三个地方，即旅游景点、旅游集散中心和旅游交通线路，针对三个地方的不同性质与旅游者体验程度的不同来设置不同的解说方式。

①旅游景点

大型的旅游景点，如轿子雪山、红土地、矿洞等，可以综合利用各种旅游解说方式，以达到向游客全面解说的目的。

中、小型的旅游景点，如河上洞、果园、小水苗村、博物馆等，可以根据景点的特点选择几种解说方式为主并辅以其他解说方式，这样可以节约资源，提高利用率。

②旅游集散中心

旅游集散中心一般设在中心城镇，如阿子营、转龙、柯渡、倘甸等，主要以信息咨询、书面材料为主。通过这种方式可以让游客迅速了解周边的主要景点及主要的交通线路。

③旅游交通线路

旅游交通线路的解说应当以线路标志牌、音频设备等为主，以达到让游客迅速感知道路交通和路况信息以及周边景点情况的目的。

五、旅游环境与基础设施

（一）旅游社会影响控制

旅游社会环境涉及旅游目的地的社会、经济、文化等众多部门和单位，还涉及当地居民，它所包含的内容十分广泛和复杂，而旅游社会环境的创造和维护对旅游业健康、稳定地向前发展起着重要的作用。

1. 创建安全的旅游社会环境

（1）有关部门和单位密切配合，持续开展旅游市场的综合治理工作，继续开展中国优秀旅游城市创建活动，为海内外游客营造良好的旅游氛围。建立"假日旅游协调会议制度"，进一步提高旅游投诉电话的服务质量。

（2）实施社会环境综合治理，抓好旅游景区的治安环境，组织有关部门和单位，齐抓共管，重点打击旅游景区的盗窃、抢劫、敲诈勒索、欺行霸市等违法犯罪；旅游景区当地政府与旅游部门组织力量，开展突击检查整顿，以形成对违法犯罪分子的威慑作用，对于情节严重、影响重大的案件，从重从快惩处；各个旅游客运经营单位加强防范，协同作战，积极协助公安部门打击车匪路霸，确保游客旅途安全；与沿途公安治安岗、报警点建立必要的联系，安装救助通信设备，一旦发生拦车抢劫等突发事件及时报案，重要的旅游团队乘车长途出游时，在车上安排保安人员。

（3）建立旅游安全救护系统。包括建立监视系统，配备旅游警察，在主要旅游区，设置救护中心，装备适应意外事故和飞机转运的全套急救设施；在各旅游饭店设置安全监控系统。

2. 提供方便的旅游社会环境

（1）在重点旅游地区，设立旅游专线车、城市观光车等。在主要旅游城（县）区、旅游乡镇和旅游景区建造专门为残疾人服务的无障碍设施，在主要路段上铺设专为盲人服务的盲道。

（2）设立各种类型的旅游信息咨询服务机构，配备多语种服务人员，为游客（特别是散客）提供咨询服务，建立旅游信息中心，开办旅游电话问询业务，设立触摸式电脑信息系统，免费提供各类宣传材料。

（3）进一步改善旅游城（县）区和旅游景区的公共设施标识系统，在旅游城（县）区、旅游乡镇、旅游景区、交通集散地、公共场所等处，设置规范、准确和醒目的公共信息图形符号。主要道路、街巷里弄等标牌和旅游景区内的指路牌，要用中文和汉语拼音及英文表明，且要与导游地图上的名称相一致。

3. 营造舒适的旅游社会环境

（1）利用新闻媒介对旅游地居民进行旅游宣传，使他们人人关心旅游、个个热爱旅游。主要内容有：宣传旅游交通、住宿、饮食、游览、购物、娱乐等方面的基本状况，使居民了解本地旅游业发展情况；宣传旅游业在本地国民经济与社会发展中的地位和作用，使居民了解旅游业与居民生活和工作的相互关系，培育居民的旅游意识、公关意识、服务意识；宣传有关旅游业的方针、政策和法律、法规，使居民增强法律意识，使旅游从业人员增强职业道德，并落实到日常行为和活动中。

（2）开展旅游地旅游宣传口号、形象标志等的征集活动，待宣传口号、形象标志确定下来，要利用各种媒体广泛传播，使其深入人心。

（3）利用"世界旅游日"或其他节庆活动，向居民散发旅游宣传材料，形成一定的轰动效应，激发广大居民的主人翁意识。

（4）政府有关部门要采取得力措施，及时解决当地居民的实际困难和问题，满足他们在工作、休闲、娱乐等方面的需求，消除与旅游业之间的相互矛盾、隔阂。如在湖滨旅游景区，就要开辟专为当地居民使用的免费或低收费的游泳场地；在自然保护区，要扶持区内村民立足本地，脱贫致富，村民从中获得收益，就能自觉地担负起保护旅游资源和环境的任务。

（5）有计划地逐步普及标准普通话和外语，特别是要尽快提高旅游从业人员的普通话和外语水平的表达能力，并根据旅游从业人员的不同职业，有针对性地编写外语教材，营造良好的语言环境。

（二）旅游环境资源保护

1. 环境资源保护现状

环境和资源是旅游业赖以生存与发展的前提条件，也是旅游业可持续发展的物质基础。目前，昆明北部旅游圈所含五区县生态环境建设取得了显著成绩，环境质量基本处于稳定状态，局部环境质量有所好转。截至2007年，森林覆盖率达到42.71%，有林地面积达到5188.57平方千米，草地面积1024.74公顷。近年来治理水土流失面积832.14平方千米，同时大力开展小流域综合治理和各类水土保持防护工程修筑工作，使昆明北部旅游圈的生态环境质量有明显的改善。但是，生态环境治理中仍然存在部分问题：

（1）自然演化引起的环境资源衰退，如洪灾、滑坡、泥石流、流水侵蚀、风吹日晒、风蚀雨淋等因素影响，导致生态环境形态和性质的改变，引起旅游资源的缓慢性退化。

（2）开发建设不当引起的环境问题，包括工业生产、农业作业、市镇建设，资源开发规划设计和开发建设不当造成对生态环境的污染、旅游景观的破坏、环境质量的下降等。

（3）经营管理不善引起的环境保护问题，如游客践踏致使地面板结，乱排乱放致使水体污染，开山采石引起山体裸露，围湖造田破坏生态环境平衡，砍伐林木引起森林退化等。

2. 环境资源保护目标

（1）指导思想

以可持续发展和生态环境改善为目标，以旅游促进产业结构、生态环境建设、旅游资源保护为途径，以国家环境资源保护法律法规和昆明市的法规条例为依据，实现旅游环境资源保护的社会化和法制化，把北部旅游圈建设成为游客心目中的美好家园。

（2）保护原则

①法制监控原则。严格执行国家和地方有关风景名胜区、自然保护区、文物保护、水土保持、污染防治、资源保护等方面的法律、法规和条例，妥善处理环境保护与旅游开发的关系。

②综合治理原则。以治理水土流失为重点，建设、治理、保护并重，植树与种草齐抓，生物措施、工程措施、农艺措施并举，山水田林路综合治理，建立良性生态系统，变单纯的保护为保护与保育的结合。

③资源有偿原则。贯彻"开发利用与再生增值、换代补偿""谁开发谁保护、谁污染谁治理"的理念，建立旅游资源有偿使用的机制，确保旅游资源开发与自然生态环境的平衡。

④环保参与原则。从可持续发展高度将旅游环保列入地区经济结构调整、工业清洁生产进程和旅游资源开发利用等领域，运用新方法和新技术改造传统产业，开发新兴产业，切实将旅游环境保护真正纳入各级政府的经济和社会发展计划。

（3）保护目标

通过旅游开发与保护并举的措施，近期目标使主要旅游区的环境和资源污染得到有效控制，生态环境与旅游资源得到有效保护；中远期目标使各个旅游区的生态环境进一步改善，旅游资源保护完善，促进昆明北部旅游圈的可持续发展。

3. 旅游环境保护区划

根据昆明北部旅游圈旅游资源特点和旅游业发展的要求，在"开发利用与保护相结合"的原则指导下，将北部旅游圈的旅游景区分为三个不同级别的保护区域，即一级保护区为旅游景观保护区，二级保护区为自然生态保护区，三级保护区为环境污染控制区。

（1）一级保护区：核心旅游资源及其风景视线走廊应划为一级旅游环境保护区。其保护原则为：①保护区内大气质量和噪声水平达到并保持国家一类区标准，水体质量至少要达到二级地面水标准；②保护区内严禁再建任何工矿企业，对保护区造成直接或间接污染的现有工矿企业，必须立即停产治理；③严禁在区内开山炸石，严禁随意砍伐树木，捕杀保护动物；④严禁在保护区涂抹、损毁碑碣、摩崖石刻；⑤保护区内的任何新建和扩建项目必须统一申报、严格审批。

（2）二级保护区：沿一级保护区的边缘向外围延伸1~5千米范围内的区域为二级保护区。该区的保护重点在于恢复植被、减少水土流失，改善整体景观。其保护原则为：①大气质量、水体质量及噪声标准比照一级保护区标准执行；②对造成环境污染、影响景观的工矿企业要限期治理或搬迁；③区域内开发活动所造成的环境问题按"谁开发谁保护、谁破坏谁整治"的规定执行；④区域内的城镇建设，要重点考虑景区总体规划的要求，造型、色彩要与周围景观气氛协调融洽。

（3）三级保护区：三级保护区的范围主要是有旅游集散功能的集镇和旅游景区附近的依托集镇。该区域保护工作的重点是防止环境污染，提高绿化水平，努力改善环境卫生状况。其保护原则为：①严禁在该区域新建污染严重、有碍景观的工矿企业；②该区域内以及景区外围视线内新建、扩建企业项目时，应进行景观影响评价并根据评价结果严格审批；③保护好城镇建筑格调和格局，新城区的建设不能破坏老城区，特别是有文物保护价值和旅游开发价值的老城区，保护好数个典型的民族自然村寨；④治理并保持集镇的公共环境卫生。

表 1.5.1　昆明北部旅游圈环境资源保护区划

区划范围 名称	一级保护区	二级保护区	三级保护区
嵩明县	嘉丽泽景区 长松园景区 杨林镇景区	嘉丽泽景区外围5千米范围 长松园景区外围5千米范围 杨林镇景区外围5千米范围	5千米以外视线所及范围
寻甸县	北大营景区 凤龙湾景区 星河温泉景区	北大营景区外围5千米范围 凤龙湾景区外围5千米范围 星河温泉景区外围5千米范围	5千米以外视线所及范围

续表

区划范围 名称	一级保护区	二级保护区	三级保护区
东川区	矿洞群景区 泥石流景区 红土地景区	矿洞群景区外围5千米范围 泥石流景区外围5千米范围 红土地景区外围5千米范围	5千米以外视线所及范围
禄劝县	轿子山景区 皎平渡景区 云龙湖景区	轿子山景区外围5千米范围 皎平渡景区外围5千米范围 云龙湖景区外围5千米范围	5千米以外视线所及范围
富民县	伽峰山景区 小水井景区 河上洞景区	伽峰山景区外围5千米范围 小水井景区外围5千米范围 河上洞景区外围5千米范围	5千米以外视线所及范围

4. 旅游生态环境保护

（1）大气环境：旅游区县、旅游乡镇、旅游景区逐步调整燃料结构，推广使用液化气、民用型煤或低硫无烟煤，淘汰污染严重的燃煤锅炉和燃烧器具，减少二氧化硫排放量。旅游景区空气质量达到国家一级标准，旅游城镇空气污染指数小于100。

（2）水体环境：完成水环境功能区划和饮用水水源保护区划工作，实施污染许可证申报登记制度，严格实施排放污染物总量控制。加强废水处理设施的管理，提高其运转率、处理率和达标率。饮用水水源水质、水功能区和地表水全部达到国家规定标准。

（3）噪声环境：治理工业、建筑、交通和生活噪声，旅游城镇禁止汽车鸣笛，旅游景区禁止一切车辆鸣高音喇叭。在江河湖及水库等水面采用低噪声的游览船只。对各种设施、设备等，要采取隔声、隔震、吸声、消声等噪声防治手段。

（4）固体废弃物处理：在旅游城镇和主要旅游区，建立垃圾和粪便无害化处理设施。对垃圾实行分类收集，根据实际情况将其运走、填埋、焚烧、制造沼气或作他用。使旅游城镇生活垃圾无害化处理率高达90%。

（5）提高城区绿化覆盖率：在旅游城镇、旅游景区、水源地、江河上游、湖库周围、旅游交通道路两旁，广泛植树种草，以净化空气，减弱噪声，保持水土，调节气候。

（6）自然灾害防治：建立自然灾害信息系统，及时通报自然灾害情况，完善防灾、抗灾害的详细情况，使游客科学合理地安排旅游活动。在旅游城镇和旅游景区，完善防灾、抗灾工程系统，各类设施应充分考虑防洪、防火、抗震的要求。

5. 旅游资源分类保护

（1）水体旅游资源：①加强对金沙江、小江、普渡河等游览景观水道的保护，在上游营造水源涵养林木，禁止观光江河两岸的工矿企业和居民生活区直接向水中排放污物。②加强对凤龙湾、清水海、松花坝等湖泊水库的保护，饮用水源地的湖河库区，禁止开展水上运动，注意对湖库水体富营养化的防治。③在湖库周围地区，积极发展生态农业，鼓励施用农家肥，使用无磷洗衣粉，定期对水库进行清淤。

（2）地质地貌旅游资源：①对轿子雪山、观音山、凤龙山、伽峰山、钟灵山、三台山、火期山、大牯牛寨山等进行科学保护，在修建公路、架设索道、建造房屋等开发建设时，应与周围山地环境相互协调，减少和避免对环境的破坏。②对白石岩溶洞、水晶宫、仙人洞、燕子洞、兴龙洞、大岩洞等洞穴加强保护，防止洞穴开发中的建设性破坏，防止游客排出的二氧化碳和照相机闪光灯对钟乳石等景观的侵害。③对蒋家沟泥石流地貌、小江深大断裂地貌等，划定保护范围和控制范围，制定保护措施，防止自然和人为的破坏。

（3）生物旅游资源：①加强森林防火、防病虫害等工作，森林公园内配备消防器材、设施。②对于珍稀兽类、鸟类、爬行类、两栖类、山溪鱼类、昆虫等动物及珍稀树种等，进行科学保护，建立各类珍稀动植物保护区。③对珍稀、濒危动植物的考察活动，要制订科学、周密的活动方案，限定人数、时间、线路和范围，并收取资源保护费用。

（4）文物古迹旅游资源：①对各类历史文物古迹应根据各自的重要程度和价值大小，制定相应的保护办法。②对文物古迹的修复，严格遵守"修旧如旧"的原则，保持原有的建筑形式、结构，保存原有的材料、工艺。③在文物古迹旅游景区植树绿化，与周围环境相互隔离，防止周围工矿企业和居民生活区对文物古迹的污染和破坏。④对古城、古寨、古镇、古街的轮廓线和视廊进行保护，重点控制新建建筑物和构筑物的高度和体积。

（5）民俗风情旅游资源：①对少数民族风情以及反映少数民族风情的建筑、服饰、饮食、歌舞、节庆、婚俗、体育竞技、手工艺品等，要大力挖掘，弘扬其精华，加工提炼，永久相传。②对于濒临灭绝和失传的民俗风情，要及时采取抢救性措施。③保护少数民族地区、边远地区自然淳朴的地方风格，继承当地优秀文化历史传统，同时注意吸收外来的先进思想和生活观念，并通过旅游开发等形式，逐步提高当地居民的生活质量。

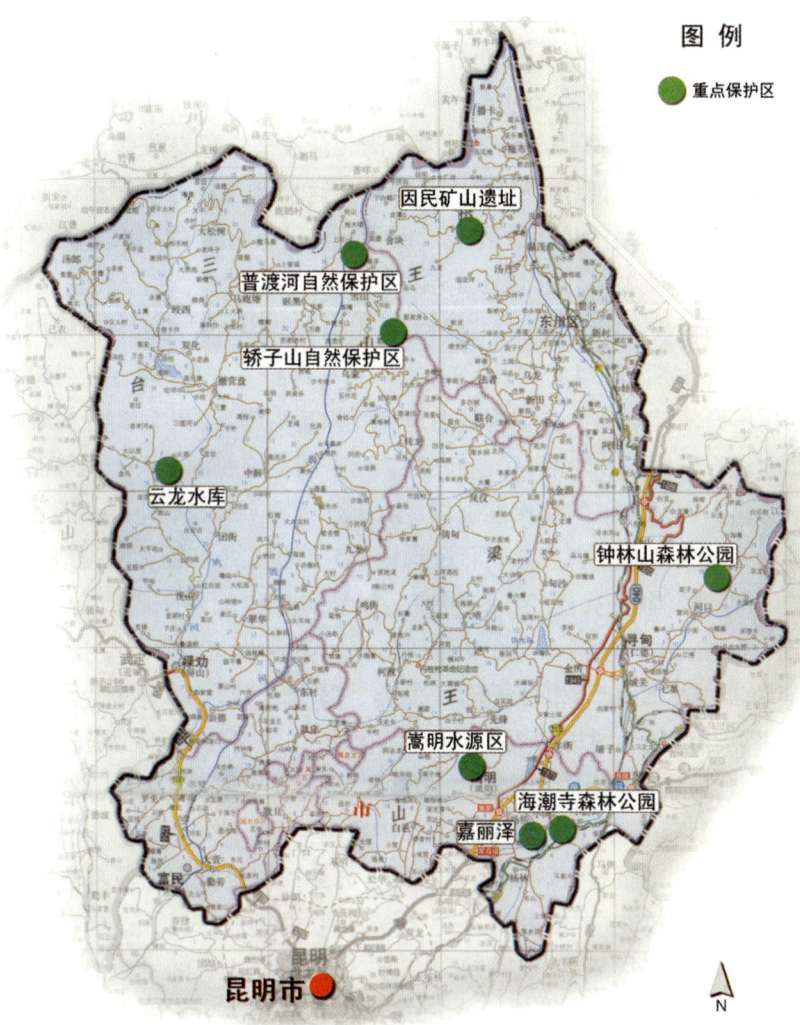

图 1.5.1　重点保护区

（三）旅游基础设施建设

1. 旅游交通设施

（1）旅游交通："三纵五横"布局

根据昆明市建设现代化立体交通网络的要求，构建昆明北部旅游圈"三纵五横"的旅游交通网络体系。"三纵"：东线（昆明—嵩明—寻甸—东川—蒙姑）、中线（昆明—阿子营—柯渡—倘甸—转龙—轿子山）、西线（昆明—富民—禄劝—撒营盘—皎平渡）。"五横"：近郊线（富民—款庄—柯渡—寻甸）、远郊线（禄劝—

倘甸—红土地—东川）、轿山线（转龙—新山垭口—四方井—下坪子—轿子山—小龙塘—大厂—红土地）、矿山线（转龙—乌蒙—雪山—舍块—因民—汤丹）、金江线（皎平渡—小坝塘—牛厂坪—树桔—格勒）。

（2）外部交通：提高区域可进入性

为适应旅游业的发展，以提高区域可进入性为目标，在区域交通网络上应提升或开通"二纵三横"交通线。

①提升昆明至轿子山中线：昆明—阿子营—柯渡—倘甸—转龙—轿子山，提升为一级公路。

②提升禄劝至皎平渡西线北段：禄劝—撒营盘—皎平渡，按二级公路建设改造。

③提升禄劝至东川远郊线：武定—禄劝—倘甸—红土地—铜都，按二级公路建设改造。

④打通转龙至汤丹矿山线：转龙—乌蒙—雪山—舍块—因民—汤丹，按二级公路建设改造。

⑤开通皎平渡至格勒金江线：皎平渡—小坝塘—牛厂坪—树桔—格勒，开辟金沙江水上游览航道。

（3）内部交通：内部连通便捷性

为增强旅游区的可游览性，以提升旅游区内部连通便捷性为目标，重点提升五大旅游区道路等级。

①轿子山旅游区：新山垭口—四方井—下坪子，提升为三级公路；红土地—大厂—小龙塘提升为三级公路；小龙塘—圣山门—轿子山，修建缆车索道。

②矿山公园旅游区：连接各个景区道路，按二级公路建设改造。

③北大营旅游区：仁德镇—北大营—凤龙湾，按二级公路建设改造。

④嘉丽泽旅游区：环湖游览道路，按二级公路建设改造。

⑤农业生态旅游区：连接各个生态园区道路，按二级公路建设改造。

（4）旅游交通设施：清晰、系统、美观

①有序高效的标识系统：在重要路段、路口、道路两侧、路面应设置明显的标志或汉语、英语文字说明。

②方便而美观的停车设施：合理配建旅游车辆专用的停车场，停车场使用植草砖，在满足停车需求的前提下实现最高的绿化率。

③亲切而充满情趣的铺装景观：运用种类繁多的铺装材料和各种各样的施工工艺让旅游区内游览线路美起来，赋予其丰富的地方文化内涵。

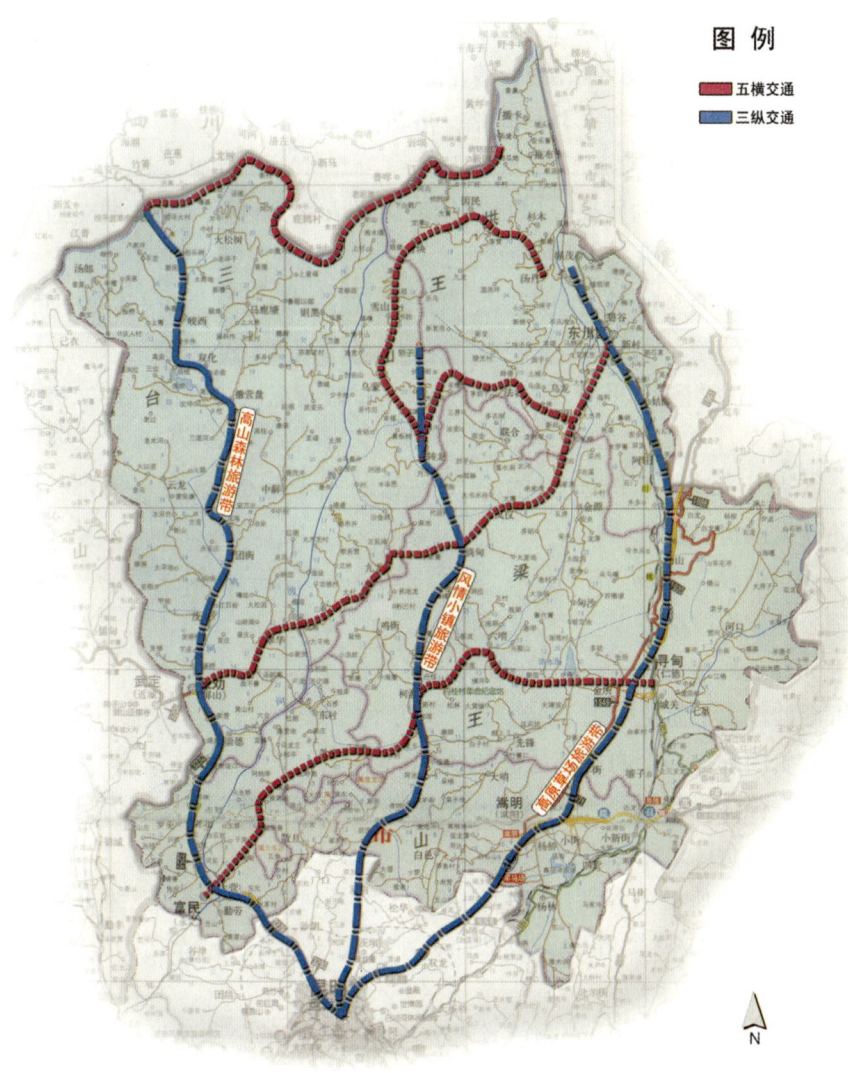

图 1.5.2　旅游交通布局

2. 旅游服务设施

（1）游客接待中心体系

游客接待中心是为游客提供信息咨询、游程安排、讲解服务、休息中转等旅游设施和服务功能的专门场所，其所具备的功能包括信息查询和信息服务、票务预订和票务服务、出售商品和纪念品、医疗应急服务、展览和讲解服务、游客休息场所和设施、伤残人士服务等。昆明市北部旅游圈将按三级体系规划游客服务中心。

①一级游客接待中心：转龙。

以建设国家级游客接待中心为目标，服务面向整个轿子山旅游区。

②二级游客接待中心：永定、屏山、铜都、仁德、嵩阳。

以建设省级游客接待中心为目标，永定服务面向富民县，屏山服务面向禄劝县，铜都服务面向东川区，仁德服务面向寻甸县、嵩阳服务面向嵩明县。

③三级游客接待中心：皎坪渡、云龙、因民、红土地、倘甸、柯渡、杨林。

以建设市级游客接待中心为目标，服务面向相临近旅游区。

（2）游客接待中心要求

按照1个一级游客中心、5个二级游客中心、7个三级游客中心的布局，游客中心以配齐服务功能为重点，建设游客接待中心设施、配置游客接待中心设备、配备游客接待中心人员、营造游客接待中心环境氛围，使其成为旅游区的依托基地。

①一级游客接待中心：建设内容包括高档豪华饭店、国际会议中心、国际商务中心、旅游服务大楼、豪华迎宾车队等。

②二级游客接待中心：建设内容包括高中档饭店、商务会议中心、旅游服务大楼、迎宾车队、大型商场、休闲生活社区等。

③三级游客接待中心：建设内容包括旅游咨询、信息、展览设施，旅游接待服务设施，旅游活动组织设施等。

（3）游客接待中心建设

游客接待中心是旅游者了解和认识旅游地的重要窗口，它的规划与建设必须遵循以下几点原则：

第一，游客接待中心的建设应满足各类旅游者的信息咨询、游程安排、讲解服务、休息中转、纪念品购买等服务要求，针对不同的旅游地和旅游线路采取多样化的宣讲手段。

第二，游客接待中心的建筑风格既要体现强烈的识别感，又要使建筑外形和颜色与当地建筑文化、地域文化相协调。

第三，各级游客接待中心要根据级别、功能的不同来进行选址，在临近交通集散点和景点处都应设置游客接待中心，并且根据不同地点的接待中心开展相应的接待服务。

3. 旅游信息工程

（1）旅游信息系统建设目标

构建昆明市北部旅游圈旅游数字化信息网络中心，建立旅游业电子公务、电子商务和电子宣传、电子咨询培训相结合的网络系统，从而推进昆明市北部旅游圈的旅游产业信息化。第一步（2010年），完善通信联络、信息发布、检索咨询、宣传促销、票务预订等功能；第二步（2015年），开展受理投诉、网上付款、财务结算等金融财务管理服务。

（2）旅游信息系统建设内容

建立昆明市北部旅游圈旅游产业信息数据库：信息数据库主要包括旅游资源信息数据库、旅游景区信息数据库、旅游客源市场信息数据库、旅游企业信息数据库、旅游人力资源信息数据库、旅游管理和研究及咨询机构信息数据库。建立上述旅游产业信息数据库，是旅游产业实现数字化、网络化的基础。

建立旅游公务数字化信息系统：实现市县旅游局内部、市旅游局与县旅游局之间的信息的互相对接，建立可进行文件交换、公务处理、密级信息交换等方面的安全保密网络系统。

建立旅游商务数字化信息系统：为旅游企业提供信息交换、电子商务及旅游消费者与旅游企业之间的咨询、预订和付款等服务，形成全天候、跨地域的全国性和世界性旅游电子交易场所。

建立旅游人力资源信息系统：各类旅游从业人员与各旅游企业之间双向选择，旅游教育培训单位对受培训者进行远程网上教学，旅游开发经营者寻求经营、策划、设计、规划的服务，均可通过公共劳务网进行，实现网上择业招聘、网上教育培训、网上咨询策划。

（3）旅游信息系统建设措施

在昆明市北部旅游圈五区县的旅游局、骨干旅游企业、著名旅游景点和旅游院校普及电脑和信息网络知识，推广使用电脑管理，建立网站，开通电子信箱。

在完善和改进现有各县旅游网站的基础上，与省、市旅游局的旅游信息网站连接，进而与国际互联网联通，与重点旅游景区、星级饭店、骨干旅行社、航空公司、旅游车船公司及相关行业、企业和部门联网，构建昆明市北部旅游圈旅游信息网。

有条件的旅游企业、旅游景区可注册独立域名，开展网上宣传促销。三星级以上的饭店、国际旅行社和3A级以上的旅游景区，应率先实施。

昆明市北部旅游圈内各县旅游局应把管理信息化作为重要任务，列入工作计划和考核范围内，财政上要保证购置电脑和电子业务费用。制定并实施旅游系统管理和经营人员信息网络知识普及和技能培训计划。在掌握和运用电脑知识与技能方面，作为对昆明市北部旅游圈旅游管理部门干部（主要是中青年干部）任用、考核、晋升的条件之一，分期、分批开展"扫电脑盲"活动。

4. 旅游厕所设施

（1）旅游厕所建设目标

旅游厕所是一个地区文明的标志，旅游厕所建设不仅可以改善旅游环境，而且对旅游形象的塑造具有重要意义。昆明市北部旅游圈的旅游厕所建设主要是围绕旅游集散地、旅游线路和旅游景区修建各种不同风格和档次的旅游厕所，形成昆明市北部旅游圈内文明、卫生的旅游厕所系统。

（2）旅游厕所建设要点

在水体类旅游区和公路旁建"无水厕所"。这种厕所又称为"斜坡"卫生系统，使用不锈钢材料制成，由马桶、滑行道、塑料箱、电风扇和排气管道组成。这类厕所适于建设在水体旅游景区和公路旁的停车处。

在缺水的旅游区建"免冲厕所"。这种厕所为一种机械封闭装置，通过马桶底部的生物降解塑料袋，将粪便收集、密封，并将粪尿自动分离，集中在周转箱内运走。它不用水冲洗，不需要安装排水、排污管道，无须土建施工，制造成本低，而且可以组合、移动。这类厕所适合于建设在远离城镇，缺乏供水、排污设施的旅游景区。

在旅游集散地和交通集汇地建旅游综合休憩中心。旅游综合休憩中心包括厕所、商店、加油站等，一般设置在重要的旅游集散地和旅游交通干线处。旅游综合休憩中心，除方便游客上厕所外，还可提供购物、公用电话、快餐等多种服务，既是经营场所又是卫生设施，外观采用自然、质朴的建筑形式。

六、旅游发展保障体系

（一）旅游人力资源

1. 旅游人力资源现状分析

建立结构合理、训练有素、规模可观的旅游产业从业人员队伍，是关系旅游业长足发展的关键。目前整个昆明北部五区县从事旅游服务工作的正式职工有11245人，旅游人才相对比较缺乏，尤其是高水平的管理人才和市场开拓人才比较匮乏。加快昆明北部五区县旅游业发展，必须把旅游人才的培养和建设摆到重要位置。

表 1.6.1　昆明北部旅游圈 2003~2007 年旅游收入情况与旅游人才情况

	2003年	2004年	2005年	2006年	2007年
旅游总收入（万元）	8503.3	10083.72	15255.11	18551.92	22948.93
旅游从业人员（人）	4000	4941	7458	9090	11245

2. 旅游从业人员需求预测

（1）人才总量预测。对未来昆明北部旅游圈旅游人才需求预测的依据，一是考虑到云南省及昆明市旅游业发展的速度和规模，对旅游业发展所需人才的需求量及其配置，二是参照全省旅游行业职工队伍的文化、工种状况及其比例结构，三是以北部旅游圈发展实际情况及其未来发展规模为基础。对北部旅游圈的旅游人才需求量进行超前预测。

表 1.6.2　昆明北部旅游圈旅游从业人员需求量预测

人才队伍	全省结构（%）	规划区结构（%）	各规划期人数			
			2007年（基）	2010年	2015年	2020年
1. 经营管理	9.3	10	1126	1688	2250	2812
2. 专业技术人员	13.9	14.8	1665	2500	3332	4164
（1）导游人员	5.8	6.5	732	1098	1463	1828
（2）财会、统计	3.1	3.5	395	591	788	985
（3）工程技术	5.0	4.8	541	811	1081	1351
3. 服务人员（工人）	76.8	75.2	8457	12680	16945	21179
（1）各工程技师	0.5	1.2	203	203	271	338
（2）车船司机	3.0	5.0	563	834	1126	1407
（3）厨师	10.6	10.0	1126	1677	2250	2812
（4）调酒师	0.8	0.5	57	85	113	142
（5）餐饮服务	11.6	16.0	1780	2700	3599	4499
（6）客房服务	7.0	10.0	1126	1688	2250	2812
（7）旅游景点	7.0	10.0	1126	1688	2250	2812
（8）旅游商品、娱乐	9.3	9.0	1013	1519	2025	2531
（9）美容美发	2.1	1.6	181	271	361	451
（10）其他	24.9	12	1349	2015	2700	3375
合计	100	100	11245	16868	22527	28155

注：各个分误差小于等于 3 人，总误差小于等于 20 人。

（2）工种需求预测：根据《云南旅游人才需求预测》对云南省旅游人才工种的需求量预测，同时考虑到昆明北部旅游圈作为新兴的旅游地，主要的旅游人才及工种需求量预测如下：

第一期（至 2010 年），旅游行业从业人员人数达到 16868 人。其中经营管理人员 1688 人，占 10%；各类专业技术人员 2500 人，占 14.8%；各类服务人员（工人）12680，占 75.2%。

第二期（至 2015 年），旅游行业从业人员人数达到 22527 人。其中经营管理人员 2250 人，占 10%；各类专业技术人员 3332 人，占 14.8%；各类服务人员（工人）16945 人，占 75.2%。

第三期（至 2020 年），旅游行业从业人员人数达到 28155 人。其中经营管理人员 2812 人，占 10%；各类专业技术人员 4164 人，占 14.8%；各类服务人员（工人）21179 人，占 75.2%。

（3）文化结构预测：从文化程度上看，全国旅游行业职工文化构成是大学和大专学历占 13%，中专和高中学历占 48%，初中以下占 29%。云南省 2010 年预测全省旅游人才的文化构成比例是硕士生 1%，大学本科 7%，大学专科 12%，中专和高中 60%，初中以下 20%。根据全国和全省旅游行业职工文化结构比例，考虑到昆明北部旅游圈的综合社会经济和旅游发展情况，对规划区的旅游人才队伍文化结构预测如下。

表 1.6.3 昆明北部旅游圈人才队伍文化结构预测

	云南省结构比例（%）	规划区结构比例（%）	规划区相应文化层次数
硕士	1	1.2	202
大学本科	7	7.2	1214
大学专科	12	12.4	2092
中专和高中（含职高）	60	62.2	10492
初中及以下	20	17	2868
合计	100	100	16868

3. 旅游人力资源培训教育

培训的对象包括旅游业的相关人员，即旅游政策制定者、政府职能部门的工作人员、旅游企业的管理人员和服务人员，乃至旅游社区的居民等。而培训的具体内容包括：语言能力培训、外语语种能力培训、专业知识和专业技能的培训（视不同的培训对象而定）、社区旅游规划、当地文化背景的培训、先进科技（如电子信息）知识的培训等方面。

表 1.6.4　昆明北部旅游圈技术培训的内容与形式

主题	援助形式	主要内容
饭店规划与管理	现场点评与课堂讲授	点评现有饭店的设施设备的使用情况，提出整改意见；讲授饭店经营管理与服务操作技巧；国际国内饭店经营管理现状与趋势；对不同的饭店提出整改意见及发展方向的调整意见
旅行社管理援助	课堂讲授与现场互动	介绍国内外各旅行社的经营管理方案与策略，分析国内外旅行社发展动态，探讨新产品的措施与手段，介绍旅游企业资本运营的途径与渠道
社区居民培训	小型课堂与入户访谈	社区参与方法与途径，社区文化与自然环境的保护方法与途径，社区居民旅游知识培训
旅游管理人员培训	课堂讲解与现场点评	旅游发展与区域规划，旅游企业管理，市场营销
旅游发展战略	报告汇报	发展阶段与问题，旅游企业发展与旅游行业管理，旅游产品开发
民族问题	调研与报告汇报	民族问题解决的相关政策与法规，民族问题处理的技巧
旅游竞争与合作	调研与报告汇报	区域旅游竞争与合作的现状与趋势，区域旅游竞争与合作的辩证关系，区域旅游竞争与合作的方法与途径

4. 旅游人力资源科学管理

（1）在人力资源的选拔方面，建立竞争择优、科学合理的用人和晋升制度，并在管理中采取"能上能下、能进能出、自然纳新"的动态人力资源管理模式。

（2）对旅游从业人员采取绩效考核。建立科学的评价考核系统，改善人力资源输入输出模式。对工作人员建立工作档案，采取交叉评价、专家评价、下属与同事评议等多种方法进行评估；对管理人员，绩效考核则以相关的资格考试和企业绩效为基础；旅游服务人员考核则包括投资率、资格考试、技能竞争等内容。

（3）应加强激励机制的运用。可以通过物质奖励、表扬、带薪休假、进修培训等各种奖励形式，激励旅游从业人员的工作积极性。

（4）引进旅游紧缺人才。建议通过相关的优惠政策，从昆明或从其他地区或国外吸引如旅游规划、企业管理、景区管理、会展旅游、度假区管理、旅游商品开发等各类高层次人才。

（二）旅游科技发展

1. 旅游行业管理科技创新

将"科技兴旅"战略思想落实到旅游管理的各个层面：（1）有重点地推广一批成熟的先进技术，包括提高旅游行业管理水平的电子信息技术，提高旅游生态环境质量的清洁卫生技术，提高决策科学化的评估技术等；（2）提高旅游产品的科技含量，特别应该强调利用科学技术延伸传统旅游产品的开发深度；（3）科学引导旅游开发和旅游活动科学规划，如根据旅游目的地环境脆弱性的不同实行分区管理。

2. 旅游产品开发科技创新

生产力要素的科技创新是旅游科技创新最基本领域：（1）采用生态学的最新成果和技术，创办适合人类生活的生态度假地；（2）采用虚拟实景等高科技手段，展现红色文化；（3）采用考古和古生物研究成果，依托高科技手段开辟模拟工矿遗址场景的观光游览地；（4）在主题公园、旅游景点、影剧院、博物馆、体育馆中，从设备设施到接待服务等各方面广泛引进高科技设备和手段，如声控光源、全息立体投像、电子导游仪、多媒体演示器等。

3. 旅游服务运营科技创新

在食、住、行、游、购、娱、安全等各个方面大力引入和运用高新技术：（1）在行业内部和旅游者活动较多的场所普及问询电脑、触摸式电脑和信息服务系统，充实服务信息；（2）采用便利旅游者的新技术，如电子客票、电子付费卡、自动售票机、旅行智能卡等；（3）采用能源节约技术，如采用清洁能源汽车，在阳光充足的地区使用太阳能，鼓励饭店等企业使用节能技术。

4. 旅游宣传促销科技创新

充分利用包括现代媒体、信息技术在内的高科技手段，不断提高旅游宣传促销的国际化水平：（1）拓展因特网包括电子商务、虚拟旅游在内的新功能，构建有特色的网络促销文化；（2）使用新的媒体传播介质（如用多媒体制作的动画、Powerpoint制作的电脑幻灯片），对于增强宣传促销效果会起正面的作用；（3）促进现代信息技术、卫星定位系统等在旅游业的广泛应用，旅游企业可通过互联网向国内外公众提供各类旅游产品信息，开展无时空限制的旅游宣传促销活动。

（三）旅游开发资金

1. 争取国家专项资金扶持

北部五区县应把旅游业的发展纳入地方社会经济发展总体计划之中，结合各地方社会经济的发展要求，广泛争取交通、通信、水电设施、城市建设、环境保护和治理、扶贫救济等各种专项资金的投入建设，形成多渠道筹措资金，全社会大办旅游的态势。目前，国家对旅游业的投入主要集中在旅游交通及基础设施建设、旅游区环境整治与建设、旅游调查与统计工作、公共服务设施、科技信息服务、旅游人力资源培训、旅游宣传促销、大型旅游节庆活动等方面。

2. 积极拓宽资金筹措渠道

北部五区县在发挥政府投资先导作用的同时，应积极探索多元化的旅游投入新机制。具体可采取以下措施：一是以政策换资金，通过制定宽松的招商引资政策与规定吸引投资；二是以项目换资金，在充分论证基础上精心包装具有市场潜力的重点旅游项目推向社会；三是以利益换资金，采取项目特许权融资、运营权和收益融资、证券融资等方式吸引资金；四是以效率换资金，创造高效务实的投资硬环境和软环境。

3. 积极吸引国内外资金投入

北部五区县应充分利用国家西部开发的优惠政策和昆明旅游二次创业的有利条件，加强与外界的协作和联合，引进资金、引进管理、引进营销网络。第一，拟定利用外资发展旅游的具体办法和优惠政策；第二，编制旅游项目招商引资手册；第三，做好重点项目的前期准备工作；第四，积极参加国内外各种招商引资活动；第五，走出去，请进来，广邀客商，广交朋友。在以利益和资产为纽带的基础上，共同推动和加快昆明市北部旅游圈旅游业发展的步伐。

4. 多形式筹集社会资金

采用多种形式和优惠政策，动员各种社会力量，多渠道地筹集旅游开发资金，也是昆明北部五区县的重要筹资方式。第一，在旅游开发和建设中，可推行股份制集资，将部分旅游开发的筹资方式由国家投入建设变为由企业集资投入建设；第二，对一些旅游骨干企业，可以推行发行公司债券来募集资金，以加大对旅游开发的投入；第三，允许集体、个人在旅游发展规划的总体指导下，独资对部分旅游景区、景点资源进行开发建设，主管部门按规定征收一定的税收和管理费。无论采取哪种方式均需按照有关政策规定，并结合当地情况创造性地执行。

第二部分 专项规划

一、轿子山国家公园概念规划

(一) 区域背景分析

1. 地理位置

轿子山位于昆明市北部,地跨禄劝县与东川区,地理坐标东经102°48′49″~102°57′50″,北纬26°10′20″~26°40′23″,规划面积约119平方千米。轿子山现为省级风景名胜区和省级自然保护区,主峰海拔4344米,雪山之巅平缓而开阔的高原上保存有大量的古冰川地貌景观及各种冰碛物与现代冰缘奇景。

2. 优势条件

滇中圣山的知名地位。位于昆明北部的轿子山,在自然地理上,是昆明北高阻挡寒冷气流南下的高山屏障;在人文历史上,是南诏效仿中原封岳所认定的东岳。因而,轿子山具有"南诏东岳"和"滇中第一名山"的特殊地位。

气势恢宏的旅游资源。轿子山集高山峡谷、瀑布溪流、冰雪景观、高山植被、神秘气象于一体,区内景观奇特罕见,资源体量宏大,规模气势磅礴,为滇中地区大体量山地冰雪旅游区。

优越的客源市场条件。轿子山位于滇川交界地带,北接四川,南接昆明,西连楚雄,东通曲靖。从昆明出发有东、中、西三条线路可通往旅游区,直接面对昆明城区200万人口客源市场,同时拥有西南地区巨大的潜在客源市场。

3. 存在问题

外部可进入条件差。尽管轿子山距离昆明城区只有167千米(中线),并有东、中、西三条公路可达轿子山,但这些公路等级较低、路面状况差,且与旅游区的衔接并不十分畅达，因此，外部交通条件仍然是制约其开发的问题。

内部可游览程度低。轿子山旅游区面积较大、地势起伏剧烈、游览行程较长，加之海拔高、空气稀薄、气温较低、天气变化快，游览较为辛苦，对游客的身体素质要求较高，这在一定程度上限制了客源。

缺乏高档接待设施。旅游区所处的禄劝县和东川区在总体经济实力方面都较弱，在旅游开发上所能投入的资金极为有限，旅游区内部交通设施、接待设施和服务设施等条件都比较差，未形成完整的旅游服务接待体系。

4. 借鉴案例——美国大提顿国家公园

（1）公园概况

大提顿国家公园被称为美国"最秀丽的国家公园"，位于美国怀俄明州西北部壮观的冰川山区，地处大黄石生态系统的心脏部位。公园建立于1929年，占地126平方千米，由长达65千米的大提顿山脉组成，整个山脉拥有8座高于3658米的山峰，有存留至今的冰川，山下分布着7个冰川湖，山脉间也有上百个高山湖泊点缀其间。公园拥有高山、冰川、平原、牧场、湿地、森林、湖泊、池塘和河流，是世界著名的野生生态系统和全球最大的麋鹿群出没处地。其中Oxbow Bend沼泽区是有名的鸟类栖息地，有200多种鸟类。大提顿国家公园以优美的景色和壮丽的景观而著称，吸引来自世界各地的旅游者，并且在促进国家资源保护方面堪称典范。

大提顿国家公园在开发建设中，以生态环境保护为先，以大提顿山脉及其周边资源为依托，重点开发山地自然生态观光游。第一，大提顿国家公园的旅游设施建设非常注重自身的特色，又巧妙地结合周围环境和游客心理，不见人工痕迹；第二，旅游项目的开发多以参与性为主，如爬山和滑雪，从资源保护与游客体验的角度进行项目开发；第三，大提顿国家公园的管理以教育功能为主，向旅游者灌输关于公园和资源的尊重意识和保护意识是其宗旨；第四，大提顿国家公园还设有博物馆和游客中心，提供完备的宣传手册和服务，而且在景区内设置说明标注牌。

（2）经验整合

◆国家公园的管理理念，以教育为主，注重资源的保护；

◆具有环保理念的人性化基础设施和完备的游览设施建设；

◆合理的规划与功能分区，严格控制与管理；

◆基于资源保护与游客体验的旅游项目开发；

◆完善的旅游服务接待和解说标示系统。

（二）开发定位与目标

1. 开发定位

理念：以山地旅游整合轿子山旅游资源，以专项旅游带动大众旅游，按照国家公园理念在生态保护基础上，打造昆明旅游新品牌。

主题：滇中山地冰雪旅游地。

功能：高山冰雪运动、森林生态观光、科普考察探险。

形象：南国雪山，滇中圣山，春城花山。

2. 发展目标

滇中国家公园、国家级风景名胜区、国家 4A 级旅游景区。

3. 空间分区

根据轿子山旅游资源分布特征、自然地理空间结构、适宜的功能活动内容要求和规划目标，充分尊重地形现状，有效保护生态，尽量利用原有设施等原则，把轿子山旅游空间分为一中心三片区：一中心，即转龙镇旅游支撑中心；三片区，即东西入口服务区、山地运动观光区、山地休闲度假区。

（三）旅游项目规划

1. 东西入口服务区

（1）位置与范围：四方井景区西入口，小龙塘景区东入口。

（2）功能定位：景区接待服务。

（3）主要项目规划

①四方井旅游接待中心：中心用房三层，建筑面积 500 平方米，内设游客咨询站、休息大厅、交通客售票站、商品出售点、户外运动装备出售点等；设置梯级停车场，设计停车位 300 个。

②小龙塘旅游接待点：新修建小龙塘—轿子雪山马道（兼步游道），并在小龙塘建旅游马道管理驿站；在小龙塘建设登山训练营；在森林防火巡山道基础上改扩建成红土地镇—大厂—大风口—晓光河—小龙塘徒步背包自然生态游道。

③自驾车营地：景区西入口处（新山垭口）建设自驾车营地，总面积为 10000 平方米，集综合购物、消费娱乐及接待服务于一体，分为帐篷区、停车区、房车区、基地服务区等，日接待能力为 300 人。

2. 山地运动观光区

（1）位置与范围：位于自然保护区实验区范围内，为轿子山的核心景区。整个区域分为一个旅游接待点和四个景观组团。一个旅游接待点为下坪子，四个组团为山地生态景观组团、地质科普组团、冰雪运动组团和山地运动组团。

（2）功能定位：山地生态观光、冰雪运动、山地运动、景区高端接待服务。

（3）主要项目规划

①下坪子旅游接待点：主要功能定位为景区高端接待服务，为高山滑雪的配套服务基地，主要项目包括住宿接待区、综合服务部、餐饮娱乐中心。

②山地生态组团：以大黑箐为中心，包括冰瀑群、瀑布群、杜鹃林、花溪、一线天、高山草甸、古寺、天池、小海、木梆海、精怪潭、死亡林、神仙田、轿顶等景点。此区域目前已形成旅游环线，景点开发相对成熟，规划重点为步游道、标识标牌、公厕、休息点等旅游服务设施建设。

③冰雪运动组团：在轿顶西侧，小珠峰斜坡处开阔地段选择地块建设滑雪场，此地块处于海拔4000米以上，冬季可开展各类雪上运动，夏季则可利用滑雪道开展滑草运动。滑雪设施和项目包括滑雪道、雪地摩托、蛇形滑雪车、雪上飞碟、雪上滑车、雪地拔河、雪地足球、冰爬犁、马拉爬犁、狗拉雪橇等。

④山地运动组团：位于整个实验区的东北部，可开展山地徒步穿越、探险等运动。此组团区内东川方向的雪岭至马鬃岭一线坡度较大，从山顶到山脚距离较长，中远期可考虑在此处规划两个滑雪场（滑草场）。

3. 山地休闲度假区

（1）位置与范围：从大厂原始冷杉林到晓光河水库一带，包括自然保护区北部核心区和缓冲区的一部分。区域内最高海拔3300米，处于中高山区，是动植物南北交会处，适合开展户外运动、徒步、探险及山地休闲度假等。

（2）功能定位：户外运动、徒步探险、休闲度假。

（3）主要项目规划

①旅游接待服务中心：旅游服务接待中心设在猪槽凹，分为游客服务中心和接待中心两部分，其中服务中心按山地旅游发展国际趋势，以游客自助、互助服务为主，规划面积200平方米；接待中心按青年旅舍的标准进行配置，规划设计100张床位。

②徒步穿越区：沿法者—新龙厂—三道湾—老纸厂—小桥—猪槽凹—毛坝子—沙子坡—大厂—晓光河水库开辟徒步穿越经典线路，沿途设休息站点和线路指示牌。

③野外宿营地：在小横山处建设 5000 平方米规模的野外宿营地，配置宿营服务站、医务站，并提供信息咨询服务。

④乡村旅游区：猪槽凹村、大厂村、新法村的村民居及外部环境进行全面改造，使之达到乡村旅游接待的条件，实现旅游促进农村建设和引导农民致富的目标。

⑤晓光河水库休闲度假区：库区水面开阔，环境优美，可以作为大厂原始森林穿越区的终点站，游客在经过了艰苦的穿越之后可以在这里进行休憩和调整或住下度假，然后再到 3 千米之外的小龙塘，开始进入轿子雪山核心旅游区。

（四）管理体制

1. 按照国家公园理念开发建设轿子山

确立资源保护优先、生态教育为主的开发理念。在旅游形式上"以特种旅游带动大众旅游"；在设施布局上"山上游览、山下住宿"；在功能区划上"划分核心区（科考探险）、试验区（冰雪运动）、游憩区（观光游览）"等不同区域；在服务设施上建立"探险小径、游览步道、缆车索道"等道路系统；在教育功能上建立完善的"解说标识"系统。

2. 建立轿子山国家公园管理委员会

突破行政区划限制，以实现开发中东川与禄劝的共赢，建立超越行政区划的管理机构——轿子山国家公园管理委员会，直接隶属昆明市人民政府。建立"政府为主导、企业为主体、市场为目标"的全新旅游管理运行体制，形成资源互用、信息互传、客源互送、产品互补、效益互享的区域旅游合作格局。

管委会管理轿子山的开发建设，通过制定规划和条例，提供良好的投资运作环境和制度保障，体现政府的主导方向。

企业是轿子山开发投资和经营运作的主体，直接承担项目的经营和运作。

市场是运作的目标，在政府的支持下，通过市场化的运作探索出一条政府、企业、旅游区内居民共赢的、全新的旅游开发新模式。

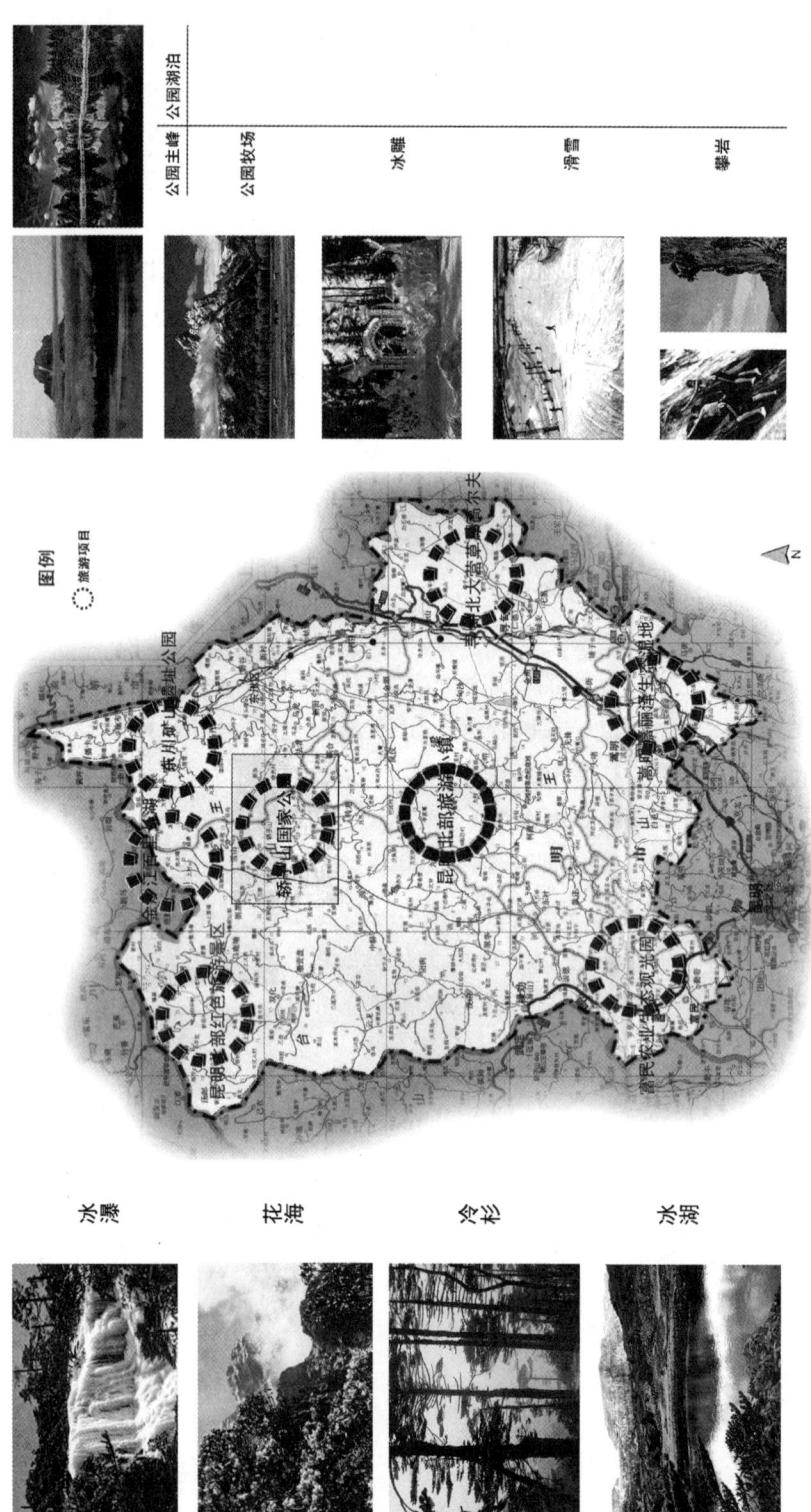

图 2.1.1 轿子山国家公园

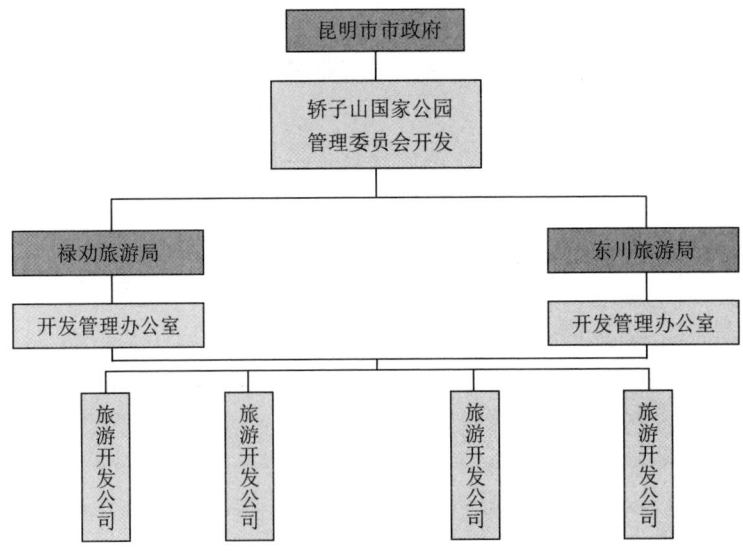

图 2.1.2 轿子山国家公园管理委员会机构框架

二、东川矿山遗址公园概念规划

（一）区域背景分析

1. 地理位置

东川矿井主要分布于西部的落雪、因民、汤丹、烂泥坪四大矿区，其中以因民矿区最具旅游开发条件。因民矿区位于东川区铜都镇北部 98 千米，地处小江峡谷与普渡河峡谷之间。境内层峦叠嶂，沟壑纵横，最高海拔 3543 米，最低海拔 720 米，高差 2823 米，气候差异明显，气温、雨水、土壤、植被均随海拔的高度变化。目前有 15 个采矿、选矿、冶炼企业，是东川矿区的主要采选区。

2. 开发条件

铜都历史知名度高。东川自古就有"铜都"的称号，自战国时期就有铜矿采选、冶炼场，在清朝时期东川的采矿业达到鼎盛。历史上，东川开采的铜矿铸成钱币或矿石炼成的铜从东川运往京城，形成了"京铜北运之路"。目前仍有数百家矿业公司在东川进行各种矿业经营，长期以来东川废弃的和目前正在开采的矿洞、矿井不计其数。因此东川工矿历史悠久、文化底蕴深厚。

因民矿山遗址资源丰富。因民矿区可利用资源包括：①矿业开发史籍——反映矿山历史沿革的图片、文字资料等；②矿业生产遗址——露天采坑、生态复垦林、生产厂房等；③矿业生产器械遗存——运矿汽车、电机车、牙轮钻、电铲、斜钻、矿井等；④矿业制品——各类矿石、矿产制品等；⑤与矿业活动有关的历史——矿山工人日常工作、生活、休息的情景，矿山工人艰苦劳作的精神等；⑥矿产地质遗迹——矿藏标准地层剖面和"东川台式"铜矿床等。

资源枯竭产业需要转型。东川在历经上千年矿业开采历史之后，正面临资源枯竭、城镇衰落、失业严重、劳动力外迁、工业污染严重、区域形象恶化等一系列社会问题与矛盾，那些为国家建设做出过巨大贡献的老矿区问题尤其突出。如何继续利用矿区资源、寻找经济发展的新途径、解决劳动力再就业等，国内外已出现了一些成功的案例，"工业遗址旅游之路"不失为一条途径。

3. 存在问题

自然环境问题。因为经年累月对森林进行砍伐，东川自然环境遭到严重破坏，矿区自然环境条件较为恶劣，要发展旅游业必须通过较为艰巨的努力，自然环境的恢复和保护不是一朝一夕的问题，需要从一点一滴做起。

交通道路问题。东川区的地理位置和地形地貌的特殊性影响了交通的便捷性。尤其是从主公路进入各景区的次级公路弯多坡陡，存在安全隐患，对车况与驾驶员的技术要求特别高，如遇上雨天，很难行车。交通是旅游业发展的瓶颈，解决旅游区的可进入性问题是东川旅游业发展的关键所在。

开发资金问题。发展旅游需要资金投入，尤其是对一个原来以工矿业为基础、自然环境遭到严重破坏，目前处于旅游发展的起步阶段的地区来说，招商引资是一个亟须解决的问题。

4. 借鉴案例——德国鲁尔工业区

（1）发展概况

鲁尔工业区是德国重要的工业区，位于德国西部、莱茵河下游支流鲁尔河与利珀河之间的地区。20世纪60年代初，鲁尔工业区制造业的国际竞争力连续下降，导致工厂企业纷纷破产、倒闭或外迁，由此带来众多的社会问题，包括内城衰落、严重的失业、年轻劳动力的外迁、城市税收减少、工业污染得不到治理、区域形象恶化等。德国政府按照区域一体化的开发模式从区域整体战略的角度对该地区的工业遗产旅游资源进行了系统开发，并开辟了"工业遗产旅游之路"。该旅游线路包括19个工业遗产景点，6个国家级的工业技术和社会史博物馆，12个典型的工业聚落及9个利用废弃工业设施改造而成的瞭望塔。德国鲁尔工业区是工业遗产旅游开发最成功的例子之一，并被列入世界文化遗产名录。

鲁尔区的工业遗产旅游开发模式大体上可以分为3种：①博物馆模式，以位于哈廷根的亨利钢铁厂、位于多特蒙德的措伦采煤厂以及位于埃森市的"关税同盟"煤炭—焦化厂为代表。②公共游憩空间模式，以位于杜伊斯堡市的北杜伊斯堡景观公园和盖尔森基兴的"北极星公园"为代表。③结合购物旅游的综合开发模式，以位于奥伯豪森的中心购物区为代表，将废旧工厂改造成为大型购物中心和博物馆。

（2）经验整合

◆资源枯竭型地区转型再焕发生机与活力的成功典范；

◆工业遗产地旅游开发模式是对工业遗产的保护性再利用；

◆实现产业转型和打造整体品牌，形成地区新形象；

◆工业遗产与旅游、休闲、购物、艺术创作、环境改造、再就业的有机结合。

（二）开发方向与定位

1. 开发方向

理念：以工业遗产旅游为龙头整合东川旅游资源，以矿山遗址公园旅游带动泥石流景观、小江峡谷、红土地等的旅游开发，按照工业遗产理念在保护性再利用基础上，打造东川工业遗产旅游新品牌。

主题：铜都矿山工业遗产地。

功能：矿山地质奇观科考、矿洞遗址深度体验、采矿工业遗产考察。

形象：铜都工业遗产地。

2. 发展目标

国家矿山公园。

工业遗产4A级旅游景区。

资源转型成功典范。

3. 空间分区

在深入挖掘矿区内矿业遗迹及其景观价值的基础上，以保护矿业遗迹为前提，针对不同区域内矿业遗迹的类型及特征，将其作为有形或无形的景观元素因地制宜地加以利用，形成不同的游览景点，为人们提供活动空间。因为区内范围较大，现状条件不同，所以在总体布局划分为地面展示区和地下体验区两大区域。地面展示区域包括环境恢复区、采矿工业博览区、矿山博物馆、选矿冶炼厂、铜运古道等，地下体验区包括地质遗迹展示区、铜矿矿坑体验区、矿洞坑道等几个部分。

（三）旅游项目规划

1. 环境恢复改造区

（1）位置与范围：因民镇。

（2）功能定位：旅游区接待服务。

（3）主要项目规划

①迎宾道：在因民镇入口修建一条迎宾道，道旁用浮雕、群雕等形式来显现工矿企业的奋斗精神和工作场面，或讲述矿工的故事。

②矿山纪念塔：在因民镇入口处修建一座雄伟的高塔，上书"铜都矿山公园"字样，可请名人题词。

③广场：修建迎宾广场，作为车辆集散中心，也可作为文化娱乐活动场所。

④游客服务中心：规划修建游客服务中心，包括小型会议厅、休息区、旅游厕所、商品部等。向旅游者提供咨询、导游服务，并向旅游者出售小纪念品，在小型会议厅中对游客进行安全培训。

⑤停车场：新建或扩建停车场，面积约为1000平方米，采用矿石（利用价值低或无利用价值的矿石）嵌草地面。

2. 采矿工业博览区

（1）位置与范围：因民镇矿区。

（2）功能定位：矿山专题博物馆。

（3）主要项目规划

①矿区开采历史介绍：介绍矿区的开采概况、采矿炼矿的历史，陈列历代矿工采矿、炼矿的器具，介绍东川矿洞的规模、各种矿井采矿的数量等。

②矿区地质结构知识：矿区地质地貌、地质结构、矿石地层、矿石种类、出产量等。

③铜矿生产技术介绍：介绍国内外采铜制铜的工艺流程，介绍各种采矿、炼矿的设施设备，对旅游者进行科普教育，介绍中国和东川的铜文化，展示各种铜质用具、古代出土的铜制文物。

④铜制产品介绍：东川被誉为"铜都"，介绍东川铜矿的古代运输情况、古代与现代制铜产品、工艺品和其他产品。

3.地质遗迹展示区

（1）位置与范围：选择已废弃矿洞。

（2）功能定位：矿坑地质体验。

（3）主要项目规划

①矿工更衣室：进入矿井前必须更衣。修建更衣室，男女分开。配备手电筒、安全帽、矿工工作服、矿工鞋等。如有必要，为每一位进入矿井的游客配备地下定位装置，以防发生意外。

②操纵台：观看矿井中控制升降机的操作台。观看操纵过程，参观矿工的工作场所。

③升降机：让游客乘坐升降机到达矿井深处，让游客体验矿工生活。体验升降机不同速度的升降和失重感觉，让游客深刻感受矿工在深井作业的艰辛。

④翻滚架：在地下将矿石选好后，使用翻滚架将矿石翻滚入运矿石的小火车中。由人工操作电源开关，作业时会发出巨大的响声。

⑤矿工梯：矿工梯是以备断电不能使用升降机时备用的木梯或铁梯，狭窄、修长，一般装置于升降机井口旁，一旦升降机不能使用，在地下200~300米处的矿工只有凭借矿工梯一步一步地爬到地面。

⑥矿工道路：游客进入矿井的道路可以分为步行路、矿车路段两种。在道路上行走时可以观看洞顶和洞壁的各种岩石结构，还有沿途的排水沟等。沿途可参观防风洞、炸药房。矿井中冬暖夏凉，无自然光，若无手电筒或电灯则伸手不见五指。如盛夏进入矿井，道路泥泞阴冷，空气中有一股金属的味道，洞中岩石嶙峋，各种钢架、管道令人生畏，似有冷风刮过，给人一种肃穆的感觉。不时有全副装备的矿工背着炸药包经过，也有运送矿石的小火车顺着洞内铁轨轰轰隆隆地进出。

（四）开发措施

1.进行系统的调查与规划

对东川旅游发展进行重新定位，充分依托其工业基地的历史渊源，有效挖掘工业遗产的丰富资源，科学借鉴国内外资源枯竭型城市成功转型的宝贵经验，将东川旅游定位在工业遗产旅游的主题上。通过发展以旅游业为代表的第三产业，为东川社会经济发展寻找新的途径和方式。

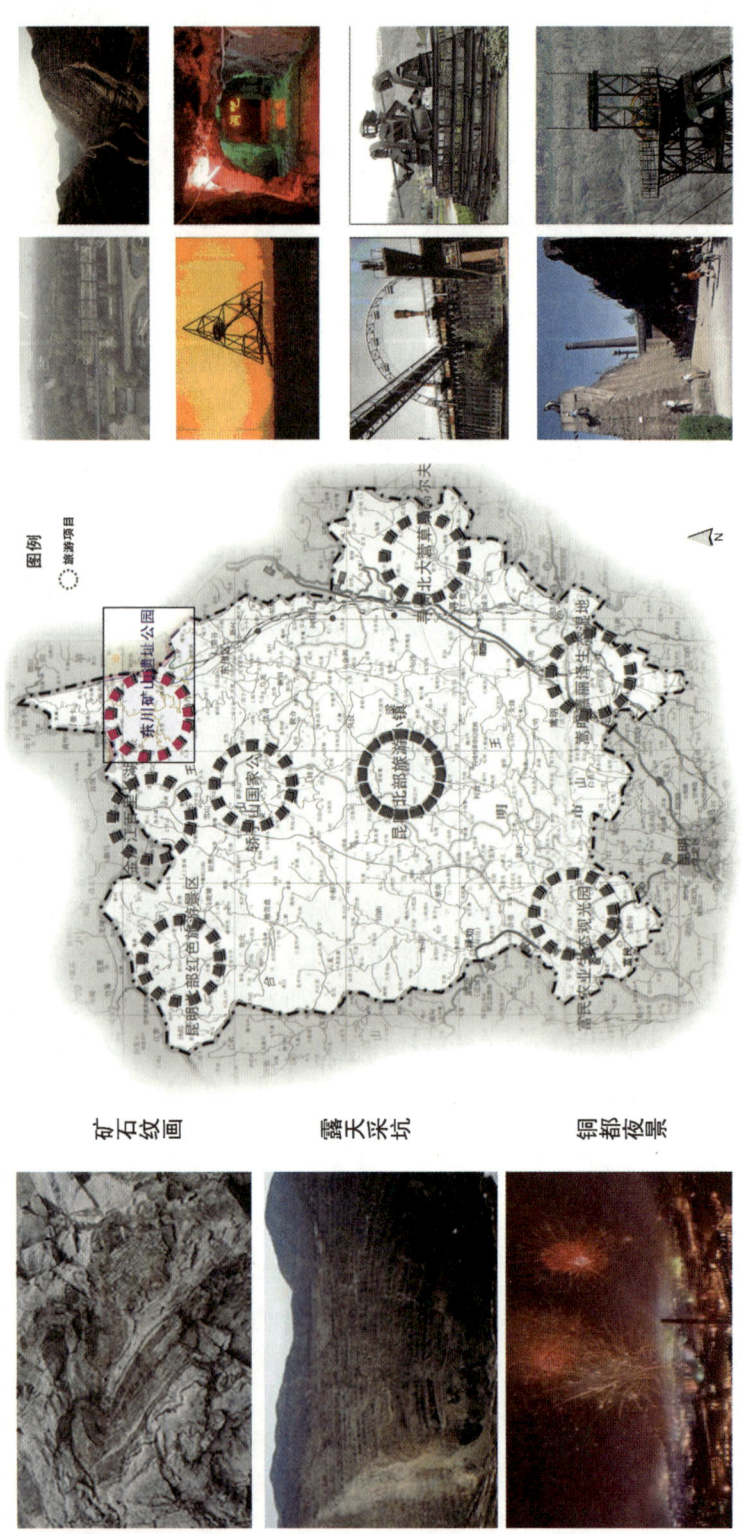

图 2.2.1 东川矿山遗址公园

2. 旅游安全设施与措施

矿山工业旅游的特殊性，使安全问题变得尤为重要。在旅游开发和旅游组织过程中，安全措施、安全规定以及保险等，应成为重点关注的问题。既要有效地承担游客的安全防护工作，又要严格执行矿业公司的安全条例，如有可能还应为游客配备地下定位装置。

3. 配套相关旅游娱乐设施

铜矿会所：在矿井中适当选址，建有矿洞特色的会所。具体包括铜矿KTV、矿井保龄球馆，并配备矿区餐饮设施、健身设施等。

矿洞迷宫：在保障游客安全的前提下，开辟适当场所，建立一个地下矿洞迷宫，给游客带来惊险、刺激的感受。

三、寻甸北大营草原概念规划

（一）区域背景条件

1. 地理位置

寻甸北大营草原旅游区位于寻甸县城东北部河口乡北大营村，地处北纬25°3′~25°39′，东经103°23′~103°27′，距离寻甸县城30千米，距离曲靖市区80千米，距离昆明城区126千米。北大营草原是寻甸县最大的人工草原，旅游区范围草场面积23130亩，林地21357亩，水域面积327亩。旅游区属北亚热带季风气候，海拔2084米，素有"高山草原"之称。

2. 开发条件

四季如春的高原草原。北大营草原属山地丘陵地带，地势平坦，四面环山，周围森林湖泊环绕，具有低纬高原季风气候特点，冬无严寒，夏无酷暑，冬春日照充足，气候温暖，干旱少雨；夏秋多雨，凉爽潮湿，年平均温度14~15.2℃，是四季如春的草原。

距中心城市最近的草原。地处昆明市东北部的寻甸县，是昆明市与东部城市连接的重要通道，县域范围内交通便利，有贵昆铁路、昆明至东川铁路，320国道分别在境内交汇并贯穿全县，距离昆明不足2小时车程，其草原风格不同于内蒙古草原、藏区草原、新疆草原，是典型的山地彝族草原。

组合有机的旅游资源。北大营草原拥有优越的资源组合条件，其草原牧场中分布有湖泊、温泉、村庄、森林等资源，使北大营草原显示出南方高原草原的特殊魅力，多样性的旅游资源为开发多种形态的旅游产品奠定了资源基础条件。

3. 存在问题

开发资金问题。发展旅游需要资金投入，寻甸县是国家级重点贫困县，经济水平较低，人均生活水平还有待提高。虽然天时房地产公司和丹彤公司相继对北大营草场和塘子镇温泉进行投资，使北大营的旅游资源得到开发，解决了部分就业问题。但是寻甸县目前处于旅游发展的起步阶段，急需大量资金，招商引资仍是一个亟须解决的问题。

旅游人才问题。寻甸县的旅游发展过程中，需要大量具有专业知识的旅游人才，尤其是高水平的管理人才和市场开拓人才，人才引进和培养是寻甸县大力发展旅游业需解决的关键问题。

基础设施问题。寻甸县现有旅游基础设施已不能满足日益发展的旅游需求，需加大基础设施建设力度，避免基础设施条件成为制约寻甸县发展旅游业的瓶颈。

4. 借鉴案例——呼伦贝尔草原

（1）开发状况

呼伦贝尔草原是中国北方著名的温带天然优良草场和传统牧区，因境内有呼伦、贝尔二湖，故名呼伦贝尔草原。呼伦贝尔草原位于内蒙古自治区东北部的呼伦贝尔盟，东起大兴安岭西麓，西至中蒙、中俄边界；北起额尔古纳市境内的根河南岸，南至中蒙边界；东南一隅与兴安盟接壤。草原面积9万多平方千米，其中天然草场面积占80.1%。草原上牧草茂密，每平方米生长上百株牧草，有野生种子植物600多种，药材约400种，兽类约35种，禽类约200种，鱼类约60种。呼伦贝尔，以它茫茫的草原、浩瀚的森林和古朴多姿的民族文化而著称于世，被誉为"绿色之净土，北国之碧玉"。

呼伦贝尔草原旅游开发的具体方式：一是"地理—心理拉近"模式，以航空、铁路、公路三位一体的交通网络与珠三角、长三角地区拉近距离，改变呼伦贝尔只是在人们心目中认知；二是"'名牌战略'打造'黄金名片'"模式，将"呼伦贝尔"打造成知名品牌，把资源优势转化为经济优势；三是"'天人合一'缤纷节庆"模式，利用呼伦贝尔原生态的自然条件与原生态的多元民族文化二者融为一体的节庆活动使其旅游生命周期得以延长。

（2）经验整合

◆开发建设出一批高质量的旅游景区、景点，并形成精品线路；

◆以其未受污染的天然草牧场的资源垄断性和独特性为主打方向；

◆整合旅游资源，将民族文化、历史文化蕴含在旅游项目中；

◆发展"名牌战略"，以名牌带动整体旅游发展。

（二）开发定位与目标

1. 开发定位

理念：以高原草场康体旅游整合寻甸县旅游资源，以高端高尔夫旅游带动大众旅游，按照草原高尔夫理念在生态保护基础上，打造昆明旅游新品牌。

主题：草原高尔夫。

功能：运动休闲娱乐，草原生态牧场，民族风情演绎。

形象：在云彩中挥杆，在草原上康体。

2. 发展目标

与春城湖畔高尔夫齐名的草原高尔夫。

中国最著名草原高尔夫基地。

国家4A级旅游景区。

3. 空间分区

依托北大营高原草场"四季如春"的特点，规划开发集运动、休闲、娱乐、生态、民族为一体的高原草场综合型旅游区。在空间布局上将北大营草场划分为五大功能区，即公共服务区、高尔夫训练基地、草原运动娱乐区、草原休闲度假区、草原风情观光区，除展现草场的辽阔和壮丽外，还将运动休闲和民族风情融合进来，体现北大营草场的综合性特征。

（三）旅游项目规划

1. 公共服务区

（1）位置与范围：距离北大营村1.4千米的公路两侧，面积约89公顷。

（2）功能定位：为整个旅游区提供基本服务，对旅游区进行管理。

（3）主要项目规划

①迎宾广场：规划面积2.25公顷，中间为一座大型喷泉水景，四周选择种植树型高大、优美的乔木和色彩艳丽的花丛灌木。

②游客中心：两层建筑，外观应具有草原的粗犷之美，为游客提供游览服务和对旅游区进行综合管理。

③草原剧场：一座有玻璃外墙的弧形建筑，内部进行艺术表演，外侧通过图片、文字、声像等形式宣传旅游区。

2. 高尔夫训练基地

（1）位置与范围：位于公共服务区的东北部，面积约277公顷。

（2）功能定位：体现运动之旅的主题，按照国际标准建设高尔夫球场。

（3）主要项目规划

①标准高尔夫球场：修建 36 洞、72 杆，规模达 60 万平方米的球道和练习场，为高端游客提供训练、健身的基地。

②高尔夫休闲会所：与球场相配套的高尔夫休闲会所，为高端游客提供社交、休闲、度假场所。

3. 草原运动娱乐区

（1）位置与范围：位于旅游区南部狭长地带，面积约 125 公顷。

（2）功能定位：体现参与运动的主题，开展草原运动项目。

（3）主要项目规划

①马术练习场：开辟以骑马为主，兼顾电瓶车和步行道的练习场，构成立体的跑马道和越野汽道，为游客提供感受风驰电掣般运动的空间。

②草原综合球场：依托草原条件开辟综合练习场，可开展滑草、滑翔、摔跤、草原网球、草原排球、草原足球、风筝等运动。

③潜能拓展基地：依托北大营村东侧天然绝壁，规划开展攀岩、溜索、平衡桥、高空行走等拓展训练项目。

4. 草原休闲度假区

（1）位置与范围：位于旅游区花沟水库北部，面积约 51 公顷。

（2）功能定位：体现休闲度假的主题，开展草原休闲和水上运动项目。

（3）主要项目规划

①牧羊毡包：在地势较为平坦的北部，修建 22 个草原毡包，一个毡包用作接待服务，其余毡包用作出租，让游客体验草原游牧生活风情。

②露宿帐篷营：位于花沟水库东侧林地，依托林地间空地组建帐篷营，提供野营帐篷、睡袋、马灯等生活用具。

③篝火广场：在几个活动项目区中间位置修建篝火广场，既可供游客载歌载舞，又可作为露天酒吧或斗鸡场、斗狗场等。

④草原木屋：规划在林地中修建 12 幢草原小木屋，采用欧式牧场风格，两层木质结构，斜坡屋顶，并以木质围栏作为景观元素。

5. 草原风情观光区

（1）位置与范围：位于整个旅游区东南部，面积约 466 公顷。

（2）功能定位：保持草原原生态风貌，体现辽阔草原的壮丽主题。

（3）主要项目规划

①遛马道：规划修建 14 千米长的马道，作为游客骑马领略草原风光的交通道路，同时还起到保护草原防止过度践踏。

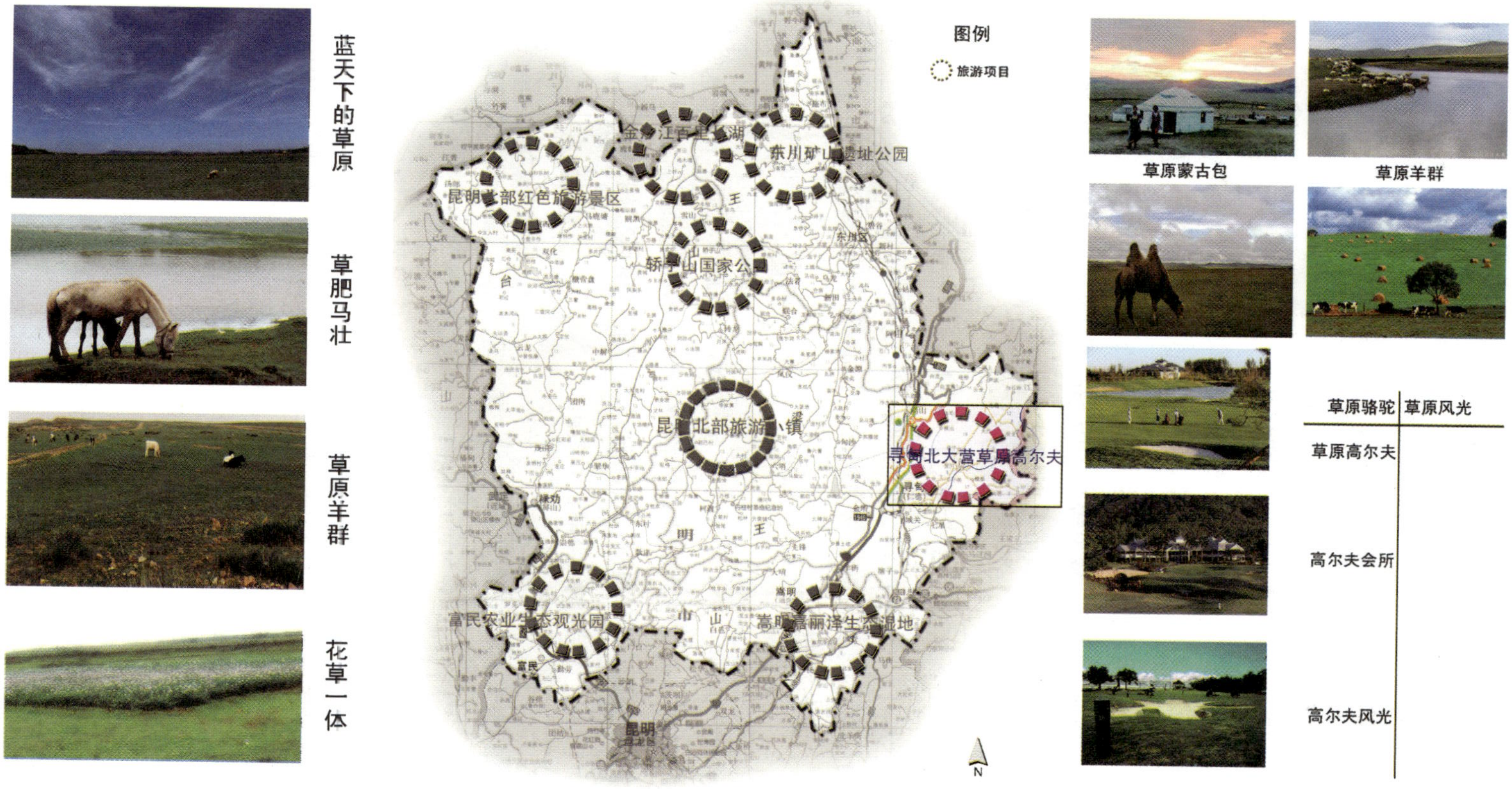

草原风光	草原骆驼
草原高尔夫	
高尔夫会所	
高尔夫风光	

草原羊群

草原蒙古包

蓝天下的草原

草肥马壮

草原羊群

花草一体

图 2.3.1 寻甸北大营草原高尔夫

②牵马站：在遛马沿途修建3个牵马站，既可作为风景摄影观光点，又可作为休息服务站。

（四）规划实施

1. 旅游产品开发

根据北大营高原草场旅游区的资源基础，结合旅游市场需求，可以开发以下旅游产品：（1）草原生态产品，包括高原草场、树林、溪流、湖泊、野趣等；（2）马上运动产品，包括提供与骑马相关的服务、培训、赛事等；（3）休闲运动产品，包括提供滑草、草上排球、草上足球、风筝等；（4）草原高尔夫产品，包括会所、球场、赛事等相关服务；（5）民俗风情产品，包括特色民居、歌舞、食品、服装以及风俗习惯等。

2. 旅游市场推广

北大营高原草场旅游区以"游弋于云端的潇洒，演绎出草原的民风"为旅游主题，突出了四季如春的草原、草原高尔夫运动、少数民族风情的特点。在市场营销层次上，以高端市场为主导；在市场营销方式上，以商务会所、高级住宅区、商务报刊为主。

3. 基础设施建设

在修建和完善通往北大营高原草场旅游区的道路系统时，注意生态系统的保护，改变景区现有道路不合理的路段；开发草场产品时，注意不改变原有生态物种，不破坏原有植被；小品建设与当地环境风格相协调；建设好区内各项卫生、休息、给排水、标牌等设施。

四、嵩明嘉丽泽生态湿地概念规划

（一）区域背景条件

1. 地理位置

嵩明地处滇中腹地，踞牛栏江、盘龙江、南盘江"三江之源"，为昆明市近郊县，县城距昆明43千米，嵩明既是昆明北部的交通枢纽，又是昆明的水源保护区，是云南第七、昆明第二大平坝。嵩明嘉丽泽生态湿地位于四营乡大山哨村后大鼎山的海潮寺森林公园北部，地处320国道、贵昆铁路、昆曲高速公路的交会处，规划面积为5平方千米，包括嘉丽泽农场、海潮寺森林公园，周围分布有嵩阳镇、杨桥镇、小街镇、四营乡。

2. 开发条件

近郊市场优势明显。嵩明县不仅距离昆明主城较近，而且具有"四线出省"（贵昆铁路、320国道、213国道、嵩待高速）、"五路通昆"（贵昆铁路、昆曲高速、213国道、320国道、7204线）的便捷交通优势，境内乡乡通柏油路，60%以上的村子通水泥路，随着新昆明国际机场建设和多条高等级公路拟建，嵩明作为昆明主城北部门户的地位更加突出。

自然环境氛围舒适。嵩明境内气候温和，地势平缓，青山绿水，风景秀丽，全境"嵩明丽泽、天然景色堪指；凤恰龙山，自然风光可沿"，以及民族风物、文物古迹和淳朴的民风，自然环境和人文环境极有利于开展以养生为特色的休闲活动。

湿地生态优势突出。就资源特色而言，湿地是全球最有价值和生产力最高的生态系统之一，湿地丰富的生物物种和湿地景观的多样性，使湿地成为旅游活动的场所和实现生态旅游的方式之一。嘉丽泽位于牛栏江上段支流果马河等8条河流的汇聚地带，地势低洼，历史上就是高原湖泊，在历史变迁中湖泊逐渐演变为沼泽。目前嘉丽泽生态湿地面积约为1.9平方千米，包括0.5平方千米的水域，0.3平方千米的沼泽，1.1平方千米的农田，其中湿地面积达到0.8平方千米。周围汇集了嵩明较为知名的旅游景点，包括海潮寺森林公园、杨林古镇、长松园度假区等。

3. 存在问题

（1）嵩明的旅游产业形态不清。发展观光型旅游、度假型旅游，还是发展农业生态旅游、休闲娱乐旅游，一直缺乏清晰而准确的定位。

（2）嵩明缺乏核心旅游吸引支撑。尽管嵩明各地都拥有一定的旅游资源，但资源体量不大，特色不鲜明，资源质量也不算高，缺乏核心的旅游吸引物。

（3）区位优势基本没有得到显现。嵩明距离昆明城区只有43千米，但嵩明没有成为城市居民的旅游地，更没有形成对外地游客的吸引力。

4. 借鉴案例——弥勒湖泉生态园

（1）生态园概况

湖泉生态园位于弥勒县城东侧，是红河卷烟厂于2003年投资建设和管理的大型水景休闲设施，占地3000亩，包括一个占地1300亩的大型人工湖。景区邻城而建，山水相依，自然环境优美，包括温泉中心、五星级酒店、人工沙滩、水云间餐厅等设施。目前已经成为省内外闻名的大型水景休闲度假地，被称为"昆明后花园"。

湖泉生态园在开发建设上，第一确立环境至上、生态第一的理念，立足于建设生态景观以提升城市形象，通过生态园开发带动弥勒生态城市建设；第二，通过景区开发加速城市化进程，湖泉生态园建设使弥勒县城区面积扩大到15.2平方千米，城市化水平提高到36.3%，极大地改善了城市生态环境；第三，建设共享型旅游景区，湖泉生态园不仅成为当地居民创造了优质环境，而且让弥勒县城一跃成为省内外旅游休闲度假的"热区"；第四，企业与政府的联合大大拓展了县域经济发展空间，实现了红河卷烟厂和弥勒县政府的双赢；第五，湖泉生态园始终从市场需求出发，及时把握旅游业市场的动态，以休闲、生态、度假、康体为理念进行项目开发，使旅游项目赢得了生态、环境、社区、土地、房产、形象等多方面的效益。

（2）经验整合

◆以旅游项目开发带动县域城市建设；

◆项目主题明确符合时代潮流，市场影响力大；

◆集团企业与政府的良好合作，实现双赢；

◆城市形象以景区营销为基础。

（二）开发定位与目标

1. 开发定位

理念：嵩明作为昆明市的北大门，应成为生态昆明、旅游昆明、休闲昆明的门户，优美的旅游环境是其建设的关键。嵩明县应该将自己定位为一个生态湿地休闲区，建设以嘉丽泽生态湿地旅游为钻心，以嵩阳、杨林、牛栏江三镇为支点的"钻石"型生态湿地休闲区是其旅游业突破的发力点。

主题：滇中水乡生态园。

功能：生态观光、休闲娱乐、养生度假、文化体验。

形象：生态湿地，养生休闲园。

2. 发展目标

滇中最著名生态湿地养生园。

国家4A级旅游景区。

3. 空间分区

以嘉丽泽湖泊湿地为核心，以嵩阳镇、杨林镇、牛栏江镇建设为支点，构筑生态"钻石"结构的核心吸引物。在空间布局上形成一海、一桥、二带、四区的格局，形成嘉丽泽水乡生态养生园的主题形象。一海：再造嘉丽泽之海，重现高原湖泊之景。一桥：在海潮寺森林公园至嘉丽泽生态湿地之间，由山脚至湖边建一条生态廊桥，这既是一条生态景观廊道，又是游客观光游览通道。二带：指海潮寺森林公园游览带和嘉丽泽水乡生态园游览带。四区：将整个旅游区域划分四个主题功能区，包括海潮寺森林公园区、嘉丽泽湖泊修复区、海之潮生态湿地区、生态养生休闲区。

（三）旅游项目规划

1. 海潮寺森林公园区

（1）位置与范围：位于旅游区南部，面积约 2 平方千米。

（2）功能定位：佛教修心养生区。

（3）主要项目规划

①森林公园：重点修缮孔明泉、白龙潭、济公地府、寺观溶洞、小海子水库等景点，以登山观光游览为主，体现嵩明的历史文化。

②海潮寺：按照佛教禅宗道场的规制新建海潮寺，包括大雄宝殿、客堂、斋堂、禅堂、念慈堂、观音殿等，增加活动项目和节日活动等。

③素食养生中心：在尊重佛教传统规制的前提下，开设饮食养生中心、放生养生园等。

2. 嘉丽泽湖泊修复区

（1）位置与范围：位于旅游区北部，面积约 1.5 平方千米。

（2）功能定位：海潮水景养生区。

（3）主要项目规划

①嘉丽泽湖泊恢复：将现有水域连接，扩大水域面积；部分农田和果林进行调整或部分建筑搬迁；部分河道连接串通，形成多条河流小溪。由此形成大面积水域和湿地。

②生态宣教走廊：围绕嘉丽泽湖泊修建景观走廊，沿线布置若干保护点和宣传站，作为游客休息和开展环境教育的走廊。

③鸟类栖息区：在嘉丽泽湖泊修建若干小岛，作为鸟类栖息区，并设置投食点、投食筐、投食平台和多条投食通道。

3. 海之潮生态湿地区

（1）位置与范围：位于旅游区中部，面积约 0.8 平方千米。

（2）功能定位：生态养生体验区。

（3）主要项目规划

①漂浮湿地：在湿地部分区域建设人造漂浮湿地，形成漂浮人工小岛，供游客感受漂浮湿地的奥妙，体验大自然的神奇。

②湿地栈道：在湿地区域修建若干条向湖泊延伸的亲水栈道，每条栈道

宽 1~1.5 米，既可以作为观景走廊，又可为游客亲近水域提供条件。

③观景亭：沿湿地栈道修建若干个观景亭，并与湖岸各种形态的长廊、浮桥、栈道相连接，形成多个休息点。

④鸟类栖息地：在湿地区域构筑各种小鸟房、小鸟篷等，吸引各种鸟类前来繁衍、栖息。

⑤湿地垂钓台：向游客出租、出售钓鱼用具，并提供遮阳伞、阳光躺椅等。

4. 生态养生休闲区

（1）位置与范围：位于旅游区西部，面积约 0.3 平方千米。

（2）功能定位：老年保健养生区。

（3）主要项目规划

①生态休闲园：包括休闲露台、景观展厅、客房中心、健身中心、餐饮基地等，为游客提供休闲、信息服务、餐饮服务、游具出租等服务。

②休闲步道：考虑到步道的生态型、亲水性等特性，采用与景区相适应的材质、颜色和图案，环绕景区建设供市民休闲、散步的沿湖环线游路。

③湿地景观地产：围绕嘉丽泽湿地景观，开发景观地产，以提升土地开发价值。可根据环境地形修建连排别墅和独栋别墅。

④湿地养生会所：围绕嘉丽泽湿地开展湿地养生活动，包括养生栖居、医疗养生基地、美容养生场所、运动养生场所、养生培训基地、养生老年公寓等。

（四）可行性分析

1. 恢复嘉丽泽生态湿地具有可行性

历史上海潮寺山脚是一片水域，尽管现在水域已大幅度减小，但仍然分布有多个水塘、鱼池和洼地，周围为农田、果林和村庄。可将现有水域连接起来，再适当扩大水域面积；将现有农田和果林进行调整，部分建筑进行搬迁；将部分河道连接串通，形成多条河流小溪，可形成大面积的水域和湿地。由此能够全面提升嵩明坝子的环境质量，形成核心吸引物，以此拉动土地增值、房地产发展、旅游提速等效应，打造"滇中水乡"品牌的养生健康基地。

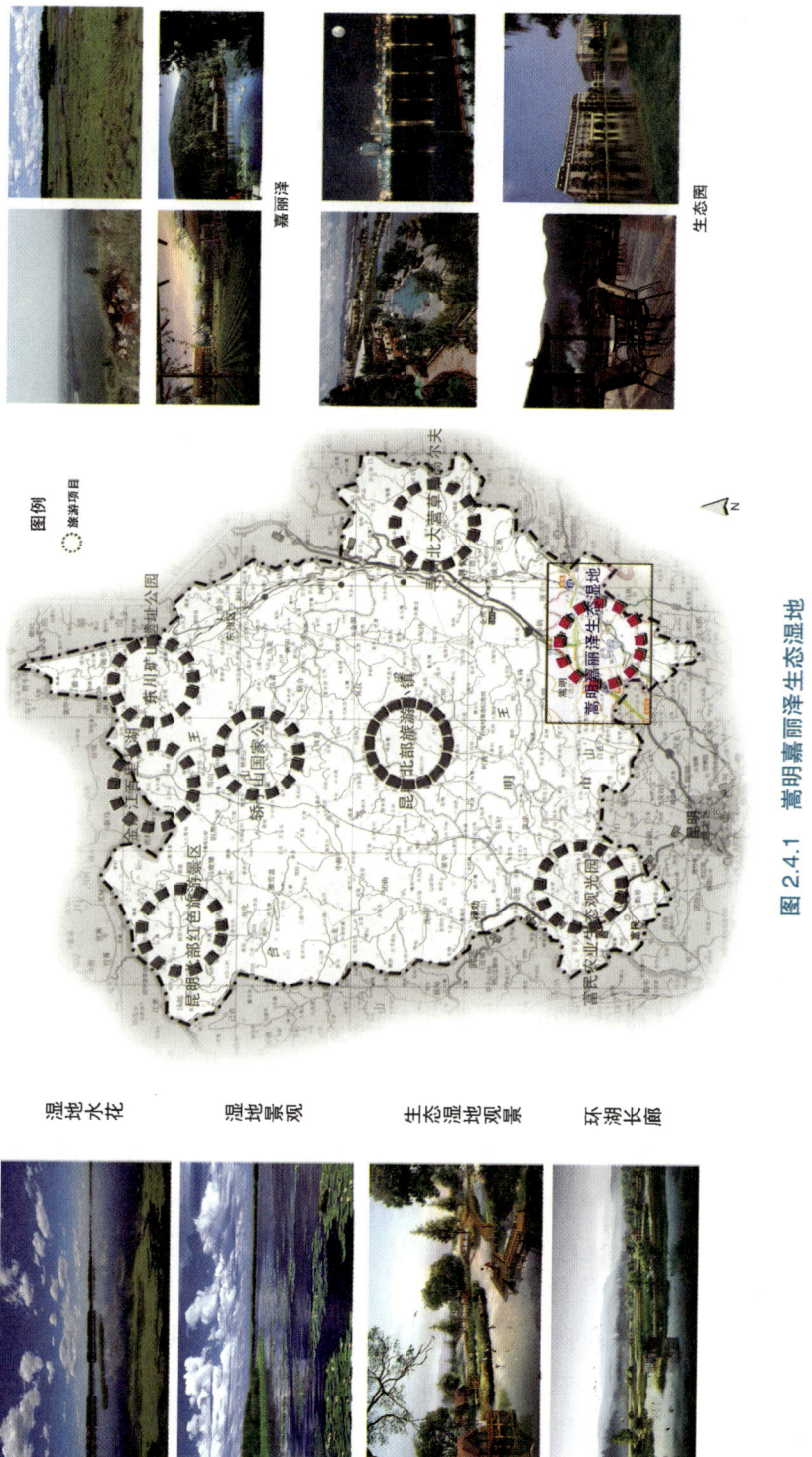

图 2.4.1 嵩明嘉丽泽生态湿地

2. 弥勒湖泉生态园是其最佳借鉴案例

红河州弥勒县曾经也因白龙洞的衰落使旅游业一度陷入低迷状态。但以湖泊湿地为核心景观、以温泉为配套的湖泉生态园的开发建设，不仅彻底改善了弥勒县城的环境质量，塑造了弥勒县的新形象，而且为弥勒县提供了一个支撑性的旅游吸引物，成为红河旅游的新亮点。

五、富民农业生态观光园概念规划

（一）区域背景分析

1. 地理位置

富民县城永定坝子位于昆明市西北部，属昆明市管辖的近郊县，距昆明市区23千米，为四川省、滇北地区进入昆明的要道，自古为昆明屏障，素有"滇北锁钥"之称。

2. 开发条件

拥有优越的生态农业条件。富民土地类型多样，可以种植水生、旱地等多种类型作物。有葡萄园、石榴园、樱桃园、杨梅园、莲藕塘、板栗林、豌豆地、茭白地、水稻种植地、鸵鸟养殖园等农业旅游资源，为昆明市农副产品的"日常供给基地"，通过举办"杨梅节"等活动，在省内农业生态旅游方面具有一定的影响力。

具有快速便捷的交通区位。富民县先后完成了昆禄公路（昆明—禄劝）、普东公路（昆明普吉—富民东村）、安富公路（安宁温泉—富民）、东鸡公路（富民东村—寻甸鸡街）等公路建设，加上穿境而过108国道，使全县9个乡镇、73个村全部通车。共有国道38.7千米，省道57.4千米，县乡公路365.374千米，形成了便利的城乡公路网，仅由昆明至富民县就有6条交通线路。

富有浓郁的民族风情氛围。富明县民族文化资源丰富，特色民俗村寨点缀其间，其中具有较高影响力的有小水苗村、平地村等特色民俗村也为富明县发展生态农业旅游提供了良好的载体。

3. 存在问题

（1）开发层次低。目前富民县生态农业旅游的开发集中在"动手"阶段，主要是利用先天的农业资源来进行最基础的观光、采摘活动，尚未挖掘出生态农业旅游的深度体验效果和文化魅力。

（2）受季节影响大。目前生态农业旅游开发主要集中在水果成熟和当地的主要节日活动时段，其他时间游客较少，收入主要靠游客采摘的水果论量计价，未能吸引过夜游客。

（3）经营管理水平不高。目前生态农业旅游缺乏系统科学的规划，境内各生态农业园观光点和民俗村落游客参与程度低，旅游线路和旅游活动缺乏合理组织和引导，各旅游点在发展过程中存在一定的自发性和盲目性。

4. 借鉴案例——法国普罗旺斯

（1）案例介绍

法国的普罗旺斯依靠蔚蓝的天空，充足的阳光，大片的薰衣草，纯美的葡萄酒和浓厚的艺术氛围，以及古老的传统成为众多游客首选的农村度假天堂，其在旅游开发过程中始终保持着悠久的历史传统和一贯的民俗风味。普罗旺斯的农庄旅游有着悠久的历史传统，并且在国际上享有盛誉，其主要以农业庄园为依托，依靠淳朴的农家生活情调和原汁原味的传统农家生活来吸引游客。

古树、古钟、古教堂、古橡木酒桶，还有古铜的塑像，普罗旺斯的酒庄里，一派历史源远流长的模样。在葡萄园和酿酒作坊，游客不仅可以参观酿酒全过程，还可以品尝葡萄酒、带走自酿的葡萄酒，体验到与在城市商场买酒不一样的乐趣。经营乡村客栈的农户遍及各地，经营的内容几乎涉及各个方面，如骑马、骑自行车、长跑、徒步、度假村、冒险旅游、攀岩、登山、露营、乡村野游、观赏农业、乡村食堂、风光旅游、打猎、养殖……有以美食品尝为主的农场饭店，有以度假为主的民宿农庄、露营农场，还有骑马农场、教学农场、探索农场和狩猎农场等。在法国农村，提供住宿的一部分农场主还兼营旅游、餐厅、赛马场、钓鱼场、园林等，供旅游者休闲享受。

（2）经验整合

◆乡村旅游的吸引力是原真性的乡土文化、悠久的农庄和良好的生态环境；

◆对农产品的深度加工则是生态农业深度发展的根本动力之一；

◆农家旅游开发过程中应结合当地自然环境，开发出标志性的农产品；

◆农业高科技应用，"民宿农庄"与"度假农庄"等农业旅游形态的多元化。

（二）开发定位与目标

1. 开发定位

理念：以独特的山间盆地环境、典型的农业文化和良好的生态资源为主体，以现代农业为核心，以生态旅游为特色，以观光游憩为方式的，具有游览、观光、娱乐、餐饮以及农事活动的多功能的大型农业生态园区。在开发方式上，一是通过农业生态观光园的开发，整合富民县的旅游资源，突出农业生态体验的旅游主题；二是整合现有分散的农业生态园，建立高度现代化的大型农业生态旅游区。以此带动富民县食、住、行、游、购、娱等相关服务设施的完善，提高旅游业的收入。

主题：农业生态旅游区。

功能：生态观光、农业体验、乡村度假。

形象：田园生活，绿色向往。

2. 发展目标

云南省最具代表性的农业生态观光园。

国家4A级旅游景区。

3. 空间分区

根据生态农业观光园的发展设想和用地条件，园区以"一轴三区"为基本构架。一轴：贯穿全园区的一条"农业＋生态"的主轴，长度4.5千米，既是交通轴，也是景观轴，用此轴来组织"农业＋生态"场景的依次展开。三区：分别为伽峰山农业文化观光区、明熙苑农业山庄度假区、以田野果园为依托的农业生态展示区。三区具有不同的地貌形态、不同的景观特征以及不同的游览内容，由此形成园区景观与游览的特色，充分体现富民生态农业观光园的基本性质和主题意义。

（三）旅游项目规划

1. 农业文化观光区

（1）位置与范围：富民县城周围，以伽峰山为代表，面积约2平方千米。

（2）功能定位：农业生态旅游服务基地。

（3）主要项目规划

①入口门户：位于园区的北端，主要功能是组织进出观光园的游客，具有导引和提示的作用。主要设置公交车站、主入口标志、观光车换乘广场、景观大道起点等内容。

②伽峰山景区：该区为园区沟坡地带，是自然生态重点保护区，同时也是观光园的核心景区之一，重点开展植被的恢复、补植和保育，改善自然生态环境，保持自然地貌特色，加强水源涵养地的作用。

③山地休闲牧场：依托该区良好的高山草甸自然生态环境，形成以休闲娱乐、户外休闲度假为主要功能的景区，大力拓展周末休闲度假市场，形成

针对大众目标市场的高山草甸户外休闲旅游项目。

④森林氧吧：修建木栈道，栈道高低错开，局部扩展形成观景平台，间或筑以茅草小亭，总体风格原始生态，让游客一边欣赏幽静的森林，一边吸氧健身。

⑤果林运动俱乐部：利用本区自然山体的环境优势，结合果园和现代运动项目，设置富有乡土特色的休闲运动项目，如果林自行车赛场、果林网球场、果林瑜伽、果林太极、果林迷宫、果林烧烤场等。

⑥民俗风情街：集集散管理、曲艺表演、娱乐购物、文化交流、休闲疗养于一体的综合型乡村风情街区，既有传统的特色表演场馆，又有各色茶点馆、曲艺茶馆、私房菜馆、商帮客栈、旅游咨询等服务内容。

2. 农业山庄度假区

（1）位置与范围：富民县城西北部，以明熙苑度假山庄、龙腾苑度假山庄、百花山庄为代表，面积约1平方千米。

（2）功能定位：农庄生态家园，乡村文化体验。

（3）主要项目规划

①绿色雅墅：建少量融于山林之间的小型山庄别墅，主要用于接待游客休闲度假之需。山庄布局要依山就势，错落有致，建筑采用乡土风格，与整体环境相协调。

②日光小屋：修建数幢花园小屋，采用天然材料和新性环保材料，外观简约美观，整体上体现出鲜明的"生态"主题，使整座建筑完全沉浸在优美的自然生态中。

③乡野人家：在现有建筑基础上，"修建"田园风格的乡野人家，提供游客参观的游览场所，建筑内部按照居住人家要求设置，安排服务人员负责接待参观游客。

④风物馆：在园区内选取古民居进行环境整治，陈列富民县的历史文化、风土人情、神话传说等村庄发展历程的点点滴滴的正史与趣闻趣事，使游客深入了解富民县。

⑤农事活动运动会：可选取一些农事活动作为运动会的活动项目，在农业机械越发普及的现代体验过去农耕的繁忙和辛劳。可以开展踩水车、插秧、收割、牛拉犁控制等多个项目。

3. 农业生态展示区

（1）位置与范围：以富民县富有生态特色的乡村农业环境为依托，面积约2平方千米。

（2）功能定位：绿色生态县——"绿色家园"农业生态旅游。

（3）主要项目规划

①农业文化体验园：展现恬静舒适的田园风光和农家淳朴的乡土气息，体验采茶、推磨、踏水车、垂钓、品尝农家美食、品味古老茶文化的乐趣，让乡村旅游体验区成为人们心中真正的世外桃源。

②农事体验中心：针对果林和菜地，划分大小不一的区块，并设置服务房，提供称量、采摘剪刀、采摘竹篮、洗手池、消毒液、手动榨汁机等，让游客在现采现摘现榨的过程中，体验参与农事活动的乐趣与收获的喜悦。

③特色植物展示中心：通过多种形式向游客展示、植物生长习性，通过辨认植物种类，了解植物的栽种培养技术，药用、食用价值。

④百果采摘园：利用本区现有的特色果树资源，结合已有果林种植优势，建设八大水果采摘区，每区内各设服务房和凉亭，供游客自主采摘品尝。

⑤"花海"观光：推出以"花海花潮满伽峰，山花浪漫自然游"为主题，面向大众游客的观光和生态旅游区，主要为游客提供富有特色的野生花卉观光与自然生态旅游产品。

⑥"野孩子"训练营：面向青少年市场，以田园为主要活动场所，竹林草地为依托，开发五谷道场、田园 DIY 教室、野炊、田园写生与摄影、田园农事活动等乡土休闲项目，为青少年提供一个体验农事劳动、学习农业技巧的场所。

⑦绿心学校：以高科技农业为基础设计的绿色生态环保教育学校，包括高科技农业园地、环保展览馆、自然学堂、绿色实验园、绿色祈福广场（绿色宣言碑）、环保手工教室等，让青少年在游乐中了解环保的意义。

（四）开发模式探索

按照"多样、和谐、健康、安全"的生态农业旅游建设目标，利用乡村的基本设备与地理空间、农业生产场地、农业产品、农业经营活动、自然生态、农业自然环境、乡村人文资源等，开展以"吃农家饭、住农家屋、干农家活、享农家乐"为主题的休闲、娱乐、体验活动，为游客提供餐饮、品茗、避暑、度假等服务。以发挥农业与乡村休闲旅游功能，增进旅游者对乡村、农业和农民的体验，提升旅游品质，提高农民收益，促进乡村发展的一种新型农业。

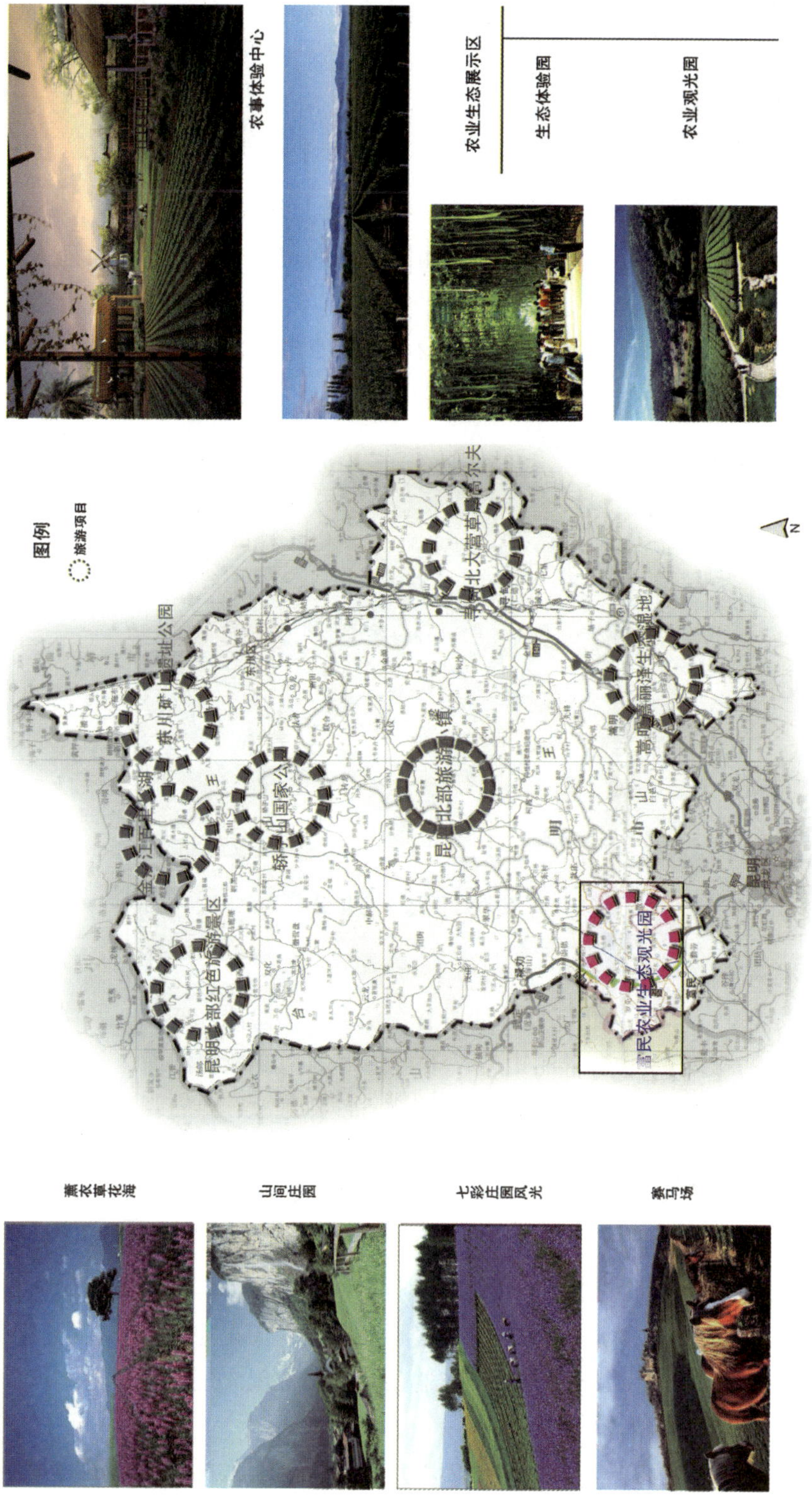
农事体验中心
农业生态展示区
生态体验园
农业观光园
图例
旅游项目
东川矿山遗址公园
轿子山国家公园
昆明北部旅游小镇
嵩明嘉丽泽生态湿地
昆明北部红色旅游景区
富民农业生态观光园
薰衣草花海
山间庄园
七彩庄园风光
赛马场

图 2.5.1 富民农业生态观光园

六、昆明北部金沙江百里长湖概念规划

（一）区域背景分析

1. 地理位置

昆明市北部金沙江段，西起禄劝的鲁车渡，东至东川的格勒，全长130.66千米，流经昆明市的禄劝、东川两区县和四川的会理、会东两县，为云南和四川的分界线。该段金沙江河床平均海拔700米左右，在昆明市范围内有普渡河和小江汇入，由于下游将建设乌东德水电站，电站建设而形成的回水将使此段金沙江出现"高峡出平湖"的百里长湖壮观景象。

图2.6.1 金沙江四级水电站分布

2. 开发条件

旅游资源丰富。昆明北部金沙江段谷深流急、多险滩和暗礁，两岸峭壁连绵，上可见海拔4000余米的山峰，下可临海拔700米的江面，部分河段水面宽仅200余米。逢枯水季节，江水清澈，沙滩细软，滩石裸露，岸边有很多五彩奇石。"乌蒙磅礴走泥丸，金沙水拍云崖暖"正是对此的绝佳描述。此段金沙江集峡谷风光、水电工业、泥石流奇观、红军渡口、亚热带风光于一体。

历史底蕴深厚。此段金沙江沿岸地区历史积淀深厚，有新石器时代化石遗址、京运铜道遗址、大白岩洞传说、诸葛亮南征等历史遗迹；还有中国工农红军强渡金沙江皎平渡、桔树渡，在这些革命历史纪念地保持了诸多革命遗址、历史文物、碑刻纪念碑等。

产品互补性强。昆明市范围的水体类旅游产品，有大湖风光（滇池）而

没有大河风光（金沙江）。金沙江百里长湖的旅游开发，不仅可以弥补昆明市的水体类大河风光型旅游产品，丰富昆明市的旅游产品类型，而且水电工业旅游与东川的工业遗产旅游有工业旅游主题上的一致性，可以强化昆明北部旅游圈的吸引力。

3. 存在问题

市场知名度低。我国已有长江三峡、葛洲坝、黄河小浪底等著名水利枢纽工程，媒体宣传广泛而成为国内知名水电站，且这些水利设施都十分注重与旅游业的结合；相比较而言金沙江此段的水利枢纽工程知名度要低得多，金沙江百里长湖面临知名度低、市场进入门槛高的巨大压力。

基础设施薄弱。昆明北部临金沙江各区县经济实力较弱，金沙江百里长湖的基础设施较为滞后，其交通、通信、住宿、餐饮、购物等旅游基础设施和服务设施都有待进一步提高和完善，特别是前往旅游景区的交通道路、运输条件的建设任务较为艰巨。

建设周期较长。建设大型水电站是一项复杂的系统的工程，由于水电站建设涉及搬迁、道路、施工、截流等大量工程，因而水电建设周期一般较长。

4. 案例借鉴——宜昌三峡大坝旅游区

（1）基本概况

宜昌三峡大坝旅游区占地 15.28 平方千米，为 5A 级旅游景区。三峡工程的建设使三峡景观发生了较大的改变，"截断巫山云雨，高峡出平湖"壮美瑰丽的自然美景，鄂西独特的民俗风情等，使三峡的旅游资源具有特殊魅力。长江三峡水利枢纽工程为当今世界最大的水利工程，它在具有防洪、发电、航运等综合功能的同时，本身也成为极具吸引力的旅游景观，是世界级的旅游资源。

三峡大坝工程建设所形成的旅游景观，为三峡地区的旅游业发展注入了新的活力。其工程建设形成了四大奇观：一是巍巍三峡大坝世界奇观；二是万吨级船队"跨山越岭"（过五级连续巨型船闸）入平湖；三是客轮乘电梯（1.8 万吨超大型垂直升船机）；四是坝上"平湖"千里，坝下飞瀑奇观。壮丽的长江三峡大坝工程，以其壮观的工程和优越的区域优势，为三峡库区带来了可观的收入，旅游收入占到了发电收入的 15%。

（2）经验整合

◆三峡工程十分注重环境保护，以生态恢复和环境建设为其工程的重要组成部分。

◆水利枢纽工程充分考虑综合经济效益，将旅游开发与水电开发相结合。

◆三峡工程把自然山水的美丽壮观与人类工程的宏伟和谐地统一起来，是科技水平的展现和运用。

（二）开发定位与目标

1. 开发定位

理念：以水电工业旅游为龙头，以金沙江为主线，将峡谷风光、水利枢纽、泥石流奇观、红军渡口、亚热带风光等结合起来，高起点、高品位、高水准地进行金沙江百里长湖旅游区建设，将其逐步建成省内外知名的水电工业旅游目的地。

主题：水电工业之旅。

功能：水电观光、峡谷漂流、红色旅游。

形象：高峡出平湖、水电工业旅游。

2. 发展目标

水电工业旅游目的地。

国家4A级旅游景区。

3. 空间布局

金沙江百里长湖旅游区以金沙江峡谷为依托，以沿江景点为支点，在旅游功能组织上形成"一线、两片"的空间布局：一线，即金沙江高峡平湖沿江走廊；两片，即百里长湖水域活动区、金沙江红色遗迹体验区。

（三）旅游项目规划

1. 高峡平湖沿江走廊

（1）位置与范围：金沙江段禄劝至东川段，长130.66千米。

（2）功能定位：金沙江峡谷风光游览。

（3）主要项目规划

①游船码头：在百里长湖禄劝和东川修建游船码头，作为金沙江水上游览线的组织中心，同时也是沿江走廊的游客服务中心。码头包括上下通道、游船泊位、服务台、售票处、商品部等。

②滨江栈道：在金沙江南岸，延伸作为"京铜北运"通道的大白岩洞，在江岸开凿京运通道，形成滨江险要栈道，并可乘坐矿洞升降机到达江面。

③观景台（摄影点）：在沿江走廊修建若干集观景与摄影于一体的悬空玻璃观景台，既可将雄秀的峡谷风光尽收眼底，又可以作为沿江游览的休息点。

2. 百里长湖水域活动区

（1）位置与范围：金沙江与小江汇合处，面积0.5平方千米。

（2）功能定位：水上与水下活动。

（3）旅游项目规划

①游艇俱乐部：成立游艇俱乐部，购置游艇、聘请教练，开展水上游艇活动，并在游艇上配备导游、精彩解说，提供餐饮、娱乐等水上特色服务。俱乐部宜采用会员制，定期举办学习班、交流会、比赛等活动。

②水下潜艇：水下潜艇观光被誉为"水下豪华客机"，开展水下潜艇观光打造精品旅游项目，为乘坐潜艇观赏百里长湖水下世界神秘景色提供载体，无疑对游客具有巨大的吸引力。

③激情漂流：选择金沙江支流河床落差大的河流，开展激情漂流。通常需要选择两岸峡峰林立、急流险滩、河道九九回肠的河段，或用皮筏艇或乘密封船漂流而下。

3. 金沙江红色遗迹体验区

（1）位置与范围：禄劝皎平渡、东川树桔渡。

（2）功能定位：红色旅游。

（3）主要项目规划

①树桔渡口：为红九军团渡江指挥所旧址和渡江遗址，为云南省文物保护单位。修缮革命烈士纪念碑、修缮渡江指挥所旧址、新建红军渡江码头，收集整理革命历史文物，基地周围环境的营造，种植松、柏等树木花卉植物，营造庄严、肃穆的氛围。

②皎平渡口：中国工农红军在二万五千里长征中，分别于1935年和1936年两次经过禄劝县境，依托皎平渡毛公山、将军石、窑洞等相关红色旅游资源，修缮皎平渡口、红军长征纪念馆、长征纪念碑、红军壁画、石板河战斗遗址、普渡河革命烈士纪念碑等。

③岩壁攀岩：金沙江两岸岩壁陡直，形成雄秀的峡谷风光，在此河段除进行峡谷观光外，还可开展攀岩、探险等特种旅游。

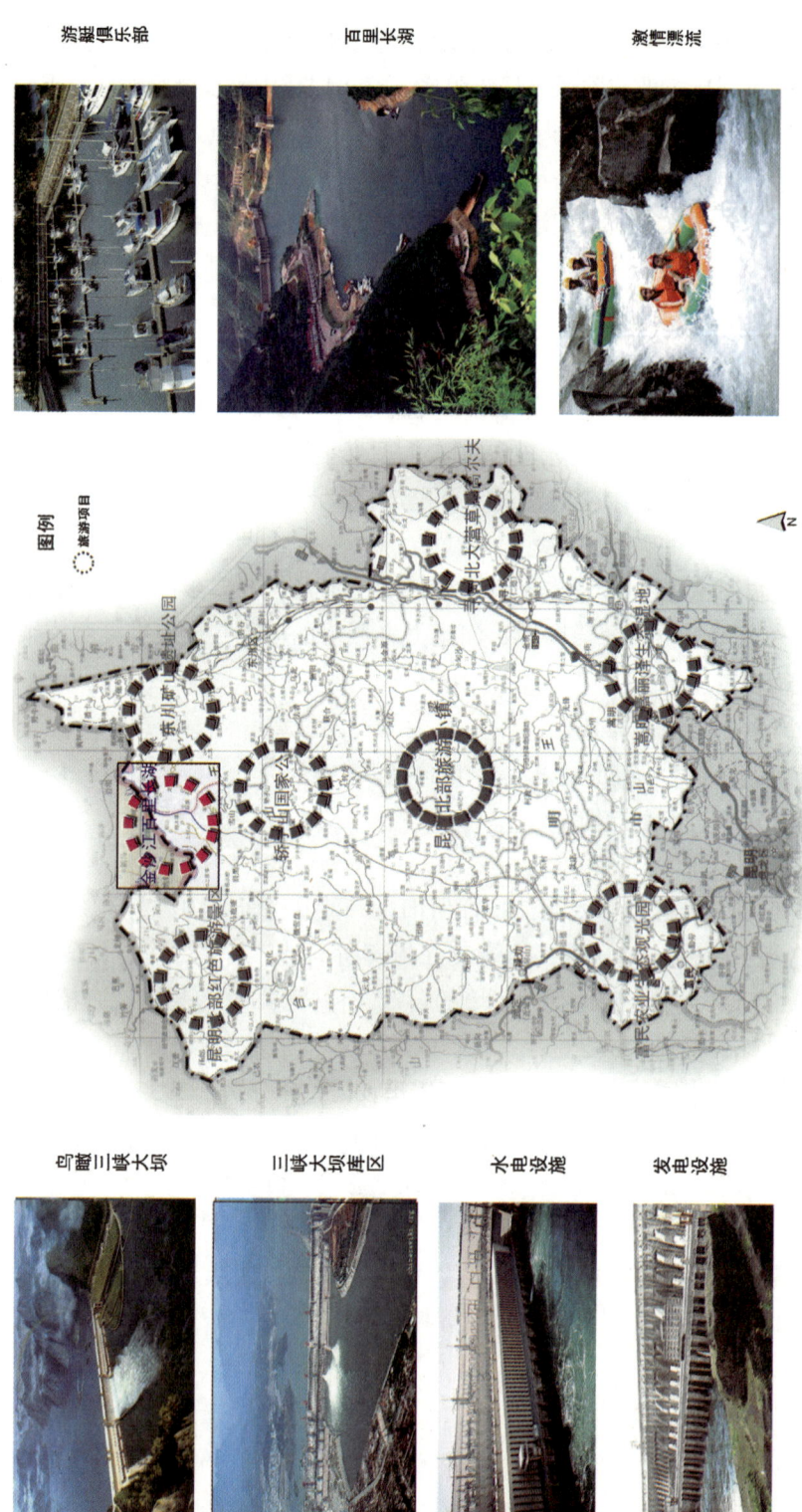

图 2.6.2 金沙江红色遗迹体验区

（四）开发措施

1. 完善产品组合与设计

根据金沙江百里长湖旅游区规模大、资源分散等特点，应加强旅游线路的组合与设计，将水电工业旅游与风光旅游、民俗旅游、红色旅游等项目结合起来，以形成规模化的旅游线路产品。

2. 加强区域间合作

由于金沙江百里长湖旅游区地跨滇川两省，涉及四个县区，应加强云南与四川区域之间的合作，达到资源整合、客源共享、优势互补、互惠互利"双赢"或"多赢"的格局。

七、昆明北部红色旅游景区概念规划

（一）区域背景分析

1. 位置与范围

位于昆明市北片区的嵩明县、寻甸县、东川区、富民县、禄劝县均是红军战斗和路过的地方，如今仍保留有大量完好的历史遗址和遗迹，万里长征的红色革命精神至今仍留存在这些地区。在昆明北片区留下一条红色旅游线路，即嵩明（长征纪念塔）—和寻甸（柯渡长征纪念馆）—东川（树桔渡）—禄劝（皎平渡）。

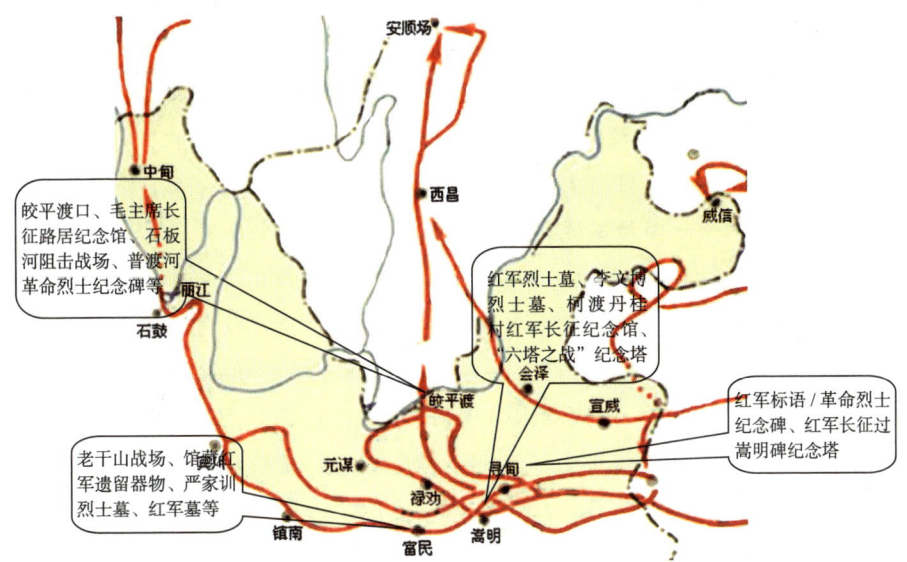

图 2.7.1 昆明北部红色旅游景区

2. 开发条件

（1）革命遗址得到一定保护和修缮。昆明北部红色遗址保存完整，革命文物收藏和展陈设施较完善，部分事件和文物内涵得到发掘。如嵩明县的红军长征纪念塔被列为县级文物，寻甸县柯渡丹桂村红军长征柯渡纪念馆被列为教育基地，东川区金沙江树桔渡口被公布为云南省文物，禄劝县皎平渡口建有红军长征渡江纪念碑、纪念馆等设施，公布为云南省文物保护单位。

（2）交通便捷可进入性条件好。位于昆明北部旅游区的各个红色旅游景点距离中心城区不远，各个红色旅游景点都有公路相通，在保存较为完好的基础上均有较高的可游览性。

（3）各级党政机关高度重视。革命历史遗迹是我国宝贵的精神财富，红色旅游是近些年重点打造和宣传的主题旅游。在全国的大形势下昆明北部旅游圈的革命历史文物得到了有效的保护，许多革命历史纪念地得到了修缮和维护。

3. 存在问题

（1）革命历史遗迹需要挖掘整理。目前所收集整理的革命历史文物已经有一定数量和规模，在开展革命历史教育方面发挥了重要作用；但是革命历史遗迹的历史地位和深远影响还有待进一步挖掘，历史文物和革命史迹还应进一步收集。

（2）各个红色旅游景点需要提升。尽管各主要旅游景点已具备了一定的接待条件，并有固定管理人员和明确的管理规定；但大多红色旅游景点的服务设施较为陈旧，解释和说明标牌不够完善，管理和建设也需要进一步加强。

（3）需要将各个景点串联成线。目前，各个红色旅游景点均处于分散状态，其宣传教育作用的发挥还非常有限，有待进一步将分散的景点整合为线路产品，将孤立的景点打造为红色主题的吸引物。

4. 借鉴案例——山西黎城冀南红色银行

（1）历史背景

冀南银行是1939年9月16日由冀南行政主任公署在晋冀鲁豫边区成立的八路军银行，并发行了冀钞，其目的是成为"培养抗战经济的摇篮"和"保护人民利益的堡垒"。冀南银行项目，由一幢50平方米的旧址小楼，经项目的策划，成了一个投资上亿元的中型旅游区。项目是恢复当年的抗日生活情境，以现有资源为依托，用电影城的手法，再现昔日风貌，让游客体验抗战生活。老一辈革命家薄一波给冀南银行进行了定位："冀南银行——新中国金融的摇篮。"

冀南银行项目的产品策划，形成了核心结构：冀南银行旧址、冀南银行纪念馆、中国红色金融博物馆、原生态小寨抗日村及抗日村影视城。项目的核心吸引力非常清晰明确——人民银行的祖庙、中国金融的朝觐地、原生态的抗日村落。冀南银行项目包括三个序列：先开发冀南银行，后建设红色金融博览馆；先恢复原生态小寨抗日村，后建设抗日村影视城；先开发红色旅游，后开发绿色景区。

（2）经验整合

◆项目把小寨抗日村与对面的老园山统一规划开发，将红色旅游景点纳入老园山自然绿色景观背景，达到了红色与红绿结合的效果。

◆项目以50平方米的旧址小楼为基点，策划设计出银行旧址、银行纪念馆、金融博物馆、原生态小寨村和影视城，使旅游吸引力达到最大化水平。

◆项目在考虑革命历史纪念地功能的同时，将其开发成为一个集"观光＋攀岩＋迷宫＋山地游乐"为一体的山地游乐与休闲运动景区。

（二）开发定位与目标

1. 开发定位

理念：依托云南全省的红色旅游资源，将昆明市北部红色旅游建设成为具有区域影响力和吸引力的云南省内重要的红色旅游基地；重点革命历史文化遗产的挖掘、整理、保护、展示和宣讲等达到国内先进水平；通过红色旅游开发，带动当地社会经济的发展，使红色旅游成为昆明市旅游业的重要组成部分。

主题：重走长征路，体验长征情。

功能：爱国主义教育、红色历史追忆、红色主题休闲。

形象：金沙水拍云崖暖，乌蒙磅礴走泥丸。

2. 发展目标

爱国主义教育基地。

红色旅游景区。

3. 空间布局

根据昆明北部红色旅游资源分布状况，可将其开发布局归纳为"一线四点"：一线，即昆明北部红色旅游线，也即嵩明（长征纪念塔）—寻甸（柯渡长征纪念馆）—东川区（树桔渡）—禄劝（皎平渡）；四点，即嵩明长征纪念塔、寻甸柯渡长征纪念馆、东川红军树桔渡、禄劝红军皎平渡。

（三）旅游项目规划

1. 嵩明长征纪念塔

长征纪念塔主要是配合整个昆明北部红色旅游线路的开发，作为红色旅游线路的基点，收集相关文物古迹，扩大景区范围，使红色旅游资源得到永续利用。

2. 寻甸柯渡长征纪念馆

（1）修缮柯渡长征纪念馆。保持原有的厅堂式结构，更换部分柱子和窗扇；更换屋顶部分砖瓦，采取防漏措施；院落内种植常青植物，庭院采用石板地面。附近巷内均用大石板铺成。

（2）修整柯渡红军墓。扩大墓园内绿化面积，种植红松等常青植物；园内采用石板路面，营造庄重气氛；墓园入口两旁种植四季常青乔木，并对墓园内的情况（所葬人物、人数、历史事件）进行介绍。

（3）修复鸡街红军纪念亭。扩大原有景区规模，建成文化公园；园内铺设石子小径，两旁种植灌木丛、修建草地；纪念亭旁设立介绍鸡街纪念亭的历史及意义。

3. 东川长征树桔渡

（1）竹排渡江：金沙江素以滩险流急闻名九州，挖掘竹排渡江以及红军长征强渡金沙江的文化内涵，小小竹排江中游，红军长征"渡江文化体验游"通过原始的小小竹排这一载体串联了起来。

（2）游船观景：金沙江拥有大峡谷美丽风光，在渡口开发自然观光游船游览，注重把自然观光和长征渡江红色旅游结合起来，实现红绿结合，提升游览质量。

4. 禄劝长征皎平渡

（1）皎平渡红军营地：作为红军长征的重要渡口，开发项目包括：长征医院、长征武器库、长征指挥部、红军长征学校、长征点兵台和练兵场、红军哨卡等，展示土枪、步枪、土炮、手榴弹、梭镖、大刀、弓箭等红军普遍使用的武器。

（2）红色文化走廊：沿途留下了红军洞、红军壁画、普渡河铁索桥、毛主席路居纪念馆、石板河阻击战场、皎平渡口六片近10处革命历史遗迹，整理文物，进行陈列展示。

5. 富民县红军墓

（1）修缮红军遗留器物藏馆。注重红军遗留物的保护与保养；更换部分因年久而部分腐烂、变形的柱子、窗扇，并且表面刷防腐蚀材料；对屋顶部分砖瓦进行更换，采取防漏措施；藏馆院落内种植摆放常青植物，庭院采用石板地面。对藏馆四周进行整体规划，四周建筑物风格与纪念馆一致，颜色统一。

（2）修整严家训烈士墓和红军墓。增加两个墓地园内的绿化面积，园内种植红松等常青植物并适当修剪；园内采用石板路面，营造庄重气氛。墓园入口两旁种植四季常青乔木，并对墓园内的情况（所葬人物、人数、历史事件）进行介绍。

（3）保护老干山战场。注重老干山战场的原貌性，使周围的环境与战场保持一致，并一起融入红色旅游的总体线路中去。

八、昆明北部旅游小镇概念规划

（一）阿子营花卉旅游小镇

1. 小镇概况

阿子营位于嵩明县西部，距离嵩明县城43千米，距昆明市区35千米，地处松华坝水源保护区。因其得天独厚的自然资源条件，阿子营为百合花种植的最佳适宜区，全乡百合种植面积达5000亩，规模化的百合花种植和产出高质量的百合花，使阿子营成为著名的"百合之乡"，南有"阿子营"、北有"陵源"，阿子营是中国百合花的两张王牌之一。

2. 定位与目标

以阿子营乡花卉特色农业生态建设为基础，依托花卉公司和花卉农户生产基地建设花卉示范园区，设计满足旅游者观花、赏花、品花、园艺习作、插花技艺和摄影写生等多方面需求的花卉主题旅游区，将阿子营乡建设成为全省乃全国的百合花卉基地。

主题定位：百合花之乡。

规划目标：百合花主题花卉旅游区，云南最著名的百合花卉旅游中心。

3. 旅游项目规划

（1）休闲中心：休闲中心旨在满足游客居住、餐饮、娱乐、购物等方面的需求，创造出宜游、宜居的户内、户外休闲空间，并运用各种造景手法和构图艺术原理组织景观，划分景区和景点。

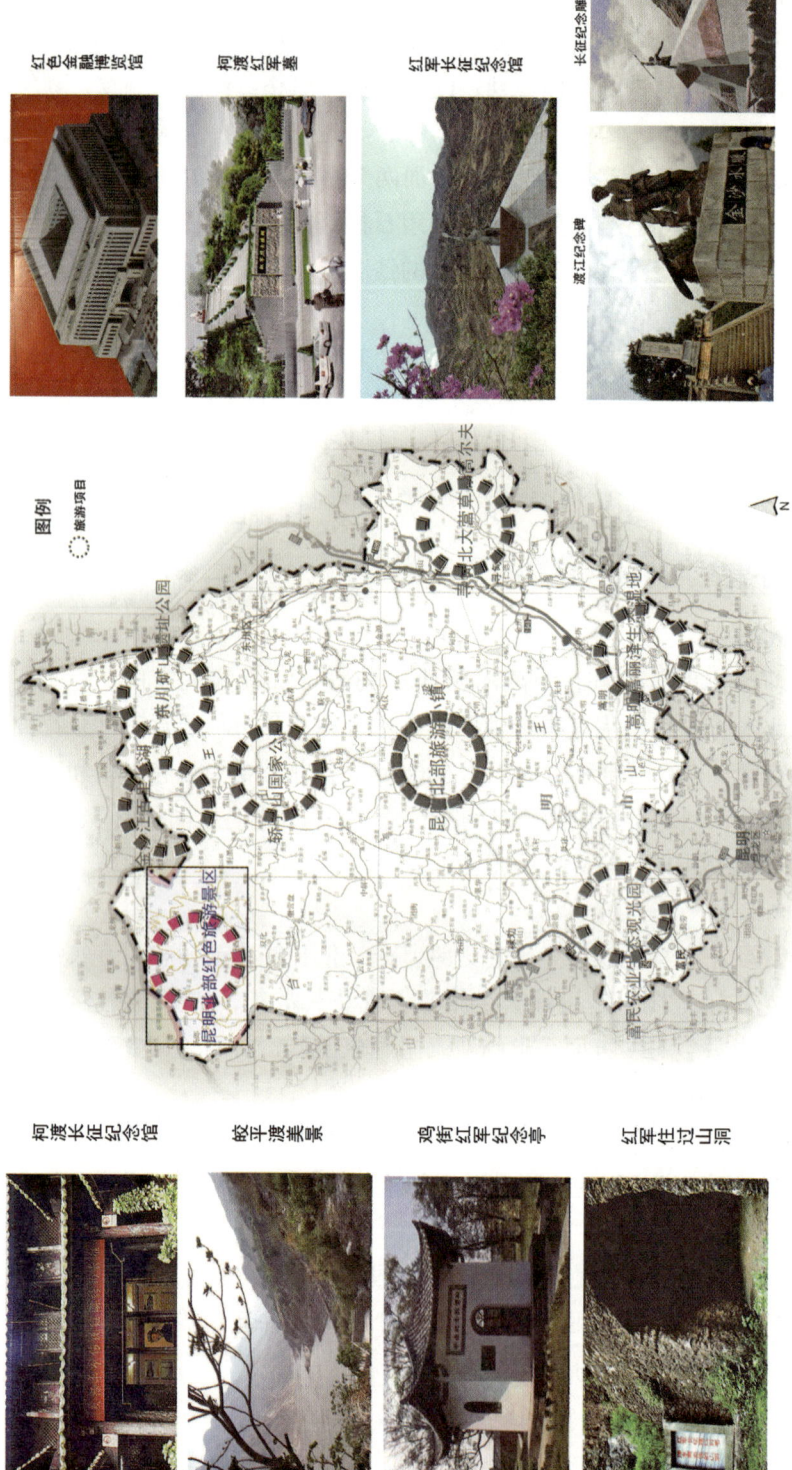

图 2.7.2 昆明北部红色旅游景区

（2）花卉景观带：花卉景观带以百合花卉为主，选择不同生长周期花卉相结合的方式，形成具有视觉冲击力的花卉景观带，营造人在花中走、情由花中生的醉人景色。花卉景观带从整体上提高该区域农民的收益，为其他地区花卉种植业结构的转变提供一定的指导。

（3）花卉种植体验区：规划体现"高新、高效和科技推广"的理念，展示现代高科技的花卉种植技术、新型的花卉种植模式和现代高科技花卉生产条件下的园艺成果。让花卉种植农事体验这种新型的旅游方式成为现代人陶冶心灵的手段。

（二）柯渡红色旅游小镇

1. 小镇概况

柯渡镇位于寻甸回族彝族自治县西部，距离县城72千米，距离昆明85千米，地貌以盆地和岩溶地貌为主。1935年4月和1936年4月红军两次过柯渡镇，做出抢渡金沙江北上抗日的战略部署，为红军长征过程中最重要的决策之一。正因如此，柯渡目前已成为全国100个红色旅游经典景区之一，云南省重点培育的10大红色旅游经典景区之一，云南省重点建设的五座红色旅游城镇之一。

2. 定位与目标

柯渡镇以红色旅游为主轴，重点打造红军长征柯渡纪念馆为代表的红色旅游品牌，全面整合红色旅游和自然景观、历史文化资源，"红绿结合、以红带绿"，建立"一条主线、十一条支线、四个景区"的格局。

主题定位：红色旅游观光体验旅游区。

规划目标：云南省红色旅游精品景区，云南省爱国主义教育基地。

3. 旅游项目规划

（1）柯渡长征纪念馆：保持原有厅堂式结构，更换部分柱子、窗扇、砖瓦；纪念馆院落内种植摆放常青植物，庭院采用石板地面；对纪念馆四周进行整体规划，四周建筑物风格与纪念馆相同，颜色统一；附近巷内用大石板铺地。

（2）柯渡红军墓：扩大墓园绿化面积，种植红松等常青植物；园内采用石板路面，营造庄重气氛；墓园入口两旁种植四季常青乔木，并对墓园内的情况（所葬人物、人数、历史事件）进行介绍。

（3）修复鸡街纪念亭：扩大原有景区规模，拟建成文化公园；园内铺设石子小径，两旁种植灌木丛、修建草地；纪念亭旁设立介绍纪念亭的解说牌。

（4）配套设施：建设停车场、加油站、车辆维修服务站；设立景点宣传牌和景点指示牌；增加餐饮服务场所和农家乐特色饮食；在纪念馆、纪念亭附近开设商品店等。

（三）倘甸精品旅游小镇

1. 小镇概况

倘甸镇为寻甸县西部重镇，是由昆明方向去往轿子山西线和中线的交会点，距离昆明167千米，距离轿子山50千米，为昆明北部地区东西向与南北向交通交会点；同时倘甸镇也是昆明北部地区的商贸重镇，商贸交易较为发达，被称为"旱码头"。

2. 定位与目标

倘甸镇依托其交通枢纽地位，可作为轿子山旅游区中转站进行建设。加强旅游基础设施建设，加快餐饮服务、休闲娱乐、汽车服务等行业的发展；建设一家大型旅游购物超市，加快风味小吃一条街和特色农家乐的规划建设；加大上档次、有一定规模的酒店建设力度。最终将倘甸镇建成民族风情浓郁、商贸交易发达、服务设施完善的精品旅游小镇。

主题定位：商贸交易重镇、旅游服务集镇。

规划目标：通往轿子山的旅游中转站、回族风情旅游集镇。

3. 旅游项目规划

（1）旅游服务中心：按照昆明北部地区旅游交通枢纽的要求，建设包括游客服务站、汽车维修中心、停车场、旅游购物超市、旅游厕所等设施，以增强旅游服务功能。

（2）风味小吃一条街：将新规划的街区按照回族建筑风格进行改造，建成既有民族建筑特色的风情一条街，同时又集观光、休憩、餐饮、购物为一体的风味小吃一条街。

（3）旅游住宿设施：根据倘甸镇商业和旅游发展需要，规划建设三星级宾馆2家、四星级伊斯兰大饭店1家、民间家庭接待若干家，以全面提高旅游住宿设施的档次。

（4）公共休闲设施：兴建城镇广场、雕塑、小品、绿地等，提高生活环境质量；建设酒吧休闲街区，开设酒吧、咖啡厅、茶楼、舞厅、夜总会、卡拉OK等娱乐休闲设施。

（5）风情农家乐：建设一批回族风情特色农家乐，突出回族农村休闲和回族农家餐饮特色，向旅游者提供民居接待、风味餐饮、住宿等服务，同时开展回族村寨生活体验活动，以满足旅游者体验回族农村社区生活的需求。

（四）转龙登山营地小镇

1. 小镇概况

转龙镇位于禄劝县境东北部，省级风景名胜区轿子山脚下，距轿子山12千米，距禄劝县城112千米，距昆明市区155千米。转龙镇全境地形狭长，三面环山，洗马河、清水河穿越镇中，田城相间，山清水秀，自然奇景众多，保存良好的山地与田园生态系统是转龙发展的宝贵资源。

2. 定位与目标

充分利用自身区位优势，将转龙镇打造成轿子山冰雪旅游区最重要的旅游支撑中心。旅游集镇总体布局为一带四区，一带为水岸休闲带，四区为入口服务区、洗马河左岸荷塘月色度假区、传统文化生活街区和乡村集贸购物体验区。

主题定位：轿子山旅游支撑中心。

发展目标：乡土文化浓郁的山地旅游休闲小镇。

3. 旅游项目规划

（1）水岸休闲带：沿镇内洗马河两岸打造水岸休闲带，修建亲水设施并进行驳岸处理，设水边休闲茶座，增加镇内的休闲生活氛围。主要建设项目包括：转龙水榭、飞龙桥、翻水坝等。

（2）入口服务区：转龙镇东侧建设入口服务区，在功能上集游人集散、停车服务、住宿、娱乐、导游服务等于一体，主要建设项目包括：入口牌坊、生态停车场、旅游购物超市、转龙宾馆等。

（3）荷塘月色度假区：在洗马河南岸开辟大面积荷塘，建设荷塘月色休闲度假区，以高端避暑度假为主。荷塘周围布置游廊、花架、亭、水榭等小品，其周围遍种经济林木，形成良好的生态环境。

（4）传统文化生活街区：转龙镇有着悠久的历史文化传统，缩泉、中山楼、彭家大院、蒋家大院、文庙、观音阁等组成了颇具特色的传统生活街区，重现古镇风貌，增加转龙镇的旅游吸引力。

（5）乡村集贸购物体验区：转龙镇老镇区的龙泉西街及集贸市场已经形成了一定规模，目前需要对集市及周边环境进行规范整治，形成周末大集、平时小集的乡村集贸购物体验区。

倘甸精品旅游

转龙山地旅游

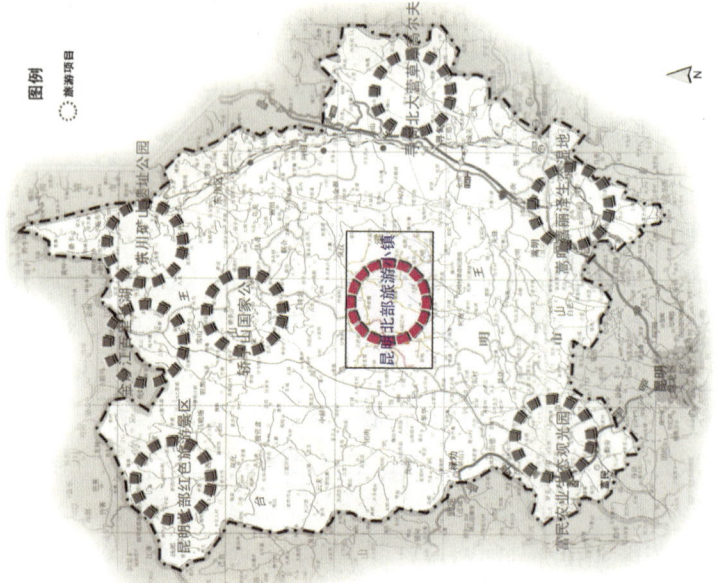

图 2.8.1 昆明北部旅游小镇

阿子营花卉旅游

柯渡红色旅游

第三部分　专题研究

一、旅游资源特征研究报告

（一）旅游资源类型结构

根据《中国旅游资源普查规范》，对昆明市北部旅游圈的旅游资源进行调查分类。昆明市北部旅游圈内主要旅游资源点共有575处，其中地文景观类88处，占总量的15.30%；水域风光类84处，占总量的14.61%；生物景观类68处，占总量的11.83%；天象景观类12处，占总量的2.09%；历史遗迹和古建筑类168处，占总量的29.22%；休闲求知健身类38处，占总量的6.61%；城乡风光和民俗风情类64处，占总量的11.13%；商品购物类53处，占总量的9.21%。从统计数据看，昆明市北部旅游圈旅游资源数量丰富、类型齐全。在旅游资源类型中，以山水风光、历史文化、民俗风情、风物特产最具旅游价值和旅游开发潜力（如表3.1.1和表3.1.2所示）。

表3.1.1　昆明北部旅游圈旅游资源统计

自然旅游资源			人文旅游资源			合计	
类型	资源数（处）	占百分比（%）	类型	资源数（处）	占百分比（%）	资源数（处）	百分比（%）
地文景观	88	15.30	历史遗迹和古建筑	168	29.22	—	—
水域风光	84	14.61	休闲求知健身	38	6.61	—	—
生物景观	68	11.83	城乡风光和民俗风情	64	11.13	—	—
天象景观	12	2.09	商品购物	53	9.21	—	—
总计	252	43.83	总计	323	56.17	575	100

表 3.1.2　昆明市北部旅游圈旅游资源分类

总类	分类	亚类	景观（景点）
自然旅游资源	地文景观	自然灾变遗迹	蒋家沟泥石流、大小白泥沟、老干沟等地的泥石流、轿子山绝壁、云门关峡谷、角峰、刃脊、石柱、溶蚀孤峰、峰丛、冰"U"谷、冰渍堤、雪山
		山岳	望海山、老尖山、玉屏山、美女山、照壁山、法华山、风摆山、平顶山、打猎山、轿子雪山、乌蒙山（牯牛寨）、雪火岭、石将军山、三台山、火期山、马鬃岭、卓干山、石羊山、石牛山、九龙山（恭王山）、药灵山、梁王山、黄龙山、笔架山、杨梅山、石头山、草白龙山、三尖山、青龙山、大庙山、凤龙山、文笔山、举人坟、关索岭、花石头、花石头梁子、小海梁子
		土林、石林	小白岩石林、石芽原野、小新街土林
		奇特与象形山石	石将军、林海玉龙、高山睡美人、落鹰山、轿子山、睡美人、独角石、乌龟石、阿子营彩云岩
		洞穴	河上洞、气眼洞、宝石洞、红岩洞、晒祖洞、蝙蝠洞、过水洞、大石洞、燕子洞、仙人洞、黑龙洞、中屏溶洞、东屏溶洞、仙人洞、大树普、倒洞、三道门溶洞、海潮水晶宫、马军仙人洞、白石岩溶洞、大落水洞、大石洞、天生洞、龙骨洞、老干洞
	水域风光	风景河段	螳螂川、龙泉河、清水河、大营河、浓纳河、新桥河、木板河、门前河、天生桥河、晓光河、大白河、小江河、封过河、普渡河、掌鸠河、九龙河、洗马河、皎西河、弥良河、牧羊河、国马河、普沙河、对龙河、杨林河、匡郎河、牛栏江、响水河、四甲河、鸡街河、蟒蛇河
		漂流河段	金沙江东川段
		湖泊	黄坡水库、拖担水库、龙闸坝水库、花箐水库、新桥水库、丰收水库、轿子山冰碛湖群、石海、轿子山天池、木邦海、双化湖、炉房箐湖、汉牌湖、云龙湖、上游水库、弥良河水库、大石头水库、西冲河水库、大冲河水库、盐槽菁水库、小石坝水库、青龙潭水库、菱角塘、普渡渔场、龙街渔场、罗良渔场、铜都渔场、官渡渔场、积德渔场、海潮渔场、小营渔场、清水海、潘所海
		瀑布	九龙瀑布、岔河跌水、大厂至铜都跌水、彩色瀑布、姐妹瀑布、双叠瀑布、白滢瀑布、月亮崖冰瀑、滴水崖冰瀑、峡谷瀑布、轿子山陡崖瀑布、大白水瀑布
		泉	热水塘温泉、沙平温泉、龙泉大龙潭、仓房温泉、大寨温泉、角家营大龙潭、转龙缩泉、钉耙水龙潭、月牙洗马塘、普渡河温泉群、铜都温泉、青龙潭、黑龙潭、白龙潭、黄龙潭、哑泉、甜泉、南谷温泉（塘子温泉）

续表

总类	分类	亚类	景观（景点）
自然旅游资源	生物景观	树林	万亩葡萄园、千亩苹果林、万亩大树杨梅林、大厂原始次生冷杉林、九龙原始大树杜鹃林、大哨森林、阿子营森林
		古树名木	白牛筋树、野桂花树、大黄连茶树、铜都木棉、红椿、大木刻村黄葛树、汤丹桂花、香樟、大树杜鹃、华山松、黄龙山古柏、地藏寺古柏、凤溪寺古柏、皮家营茶花王、鼠街秤红树、火烧营古玉兰、大铺村大团树、苏铁、美登木、黄杉、急尖长苞冷杉、铁杉、三尖杉、香樟木、红椿米、楸木
		奇花异草	杜鹃花海（黄花杜鹃、大王杜鹃）、木棉、桂花、云苻苓、松脂、珠子参、当归、雪山一支蒿、母贝、岩白菜、天南星、半夏、柴胡
		草原	木板海草甸、大海、姑海野牛高山草甸、轿子山月亮岩、北大营草场
		野生动物	狐狸、豪猪、野猫、麂子、大灵猫、穿山甲、岩羊、鼠羚、红腹角雉、雀鹰、蛇雕、苍鹰、山驴、锦鸡、画眉、獐
		植物群落	轿子山自然保护区、普渡河苏铁自然保护区
	天象景观	日辉与月光	佛光、朝霞、晚霞、日出
		云海	岚雾、云海、雾海
		烟雨	雷雨、冰雹、霜雪
		特殊气候	避暑气候、立体气候
人文旅游资源	历史遗迹	经济文化遗址	木树郎新石器时代遗址、中厂河汉代制陶遗址、茂麓、九龙、新塘花子洞等采矿遗址、营盘山新石器时代洞穴遗址、黄龙山旧石器遗志、"会盟碑"遗址
		军事遗址	老干山战场、敌后政权机关遗址、树桔红军渡、皎平渡口、毛主席长征路居纪念馆、石板河阻击战场、红军洞、红军壁画、红军标语
		交通遗址	古驿道
		古城与古城遗址	诸葛营（今天宝营）、初建富民县城遗址（今旧县村）、武定县南关遗址、大城遗志、梁王城遗志、易隆古城、易龙旧城、凤家城遗址、杨林老城
		馆藏文物	犁石范、斧石范、莲式孔雀铜灯、青铜戈、铜矛、铜祭案、石斧、石凿、石锛、羊耳铜斧、铜锛、铜镢、铜镜、铜戈、铜镯、青铜犀牛、五铢钱、大布黄千、大泉五十、通宝、青花单耳带细角斗、青釉小罐、青花瓷、先东方剑齿象下牙床化石、小鹿下牙床化石、大熊猫牙化石、红军遗留器物
	古建筑	宗教与礼制建筑	觉海寺、黄坡山神庙、文庙、九峰山西华禅寺、白龙寺、净元寺、普济寺、观音寺、土主寺、三官寺、西村寺、万寿庵、张家祠堂、赵氏宗祠、祝国寺、店房村清真寺、观音寺、香海庵、云台庵、魁星阁、民权文庙、三圣宫、土主庙、魁阁、兰公祠、武侯祠、嵩阳镇魁星阁、圆通寺魁星阁、白龙桥魁星阁、海潮寺、法界寺、禅青龙寺、黑龙宫、积德清真寺、钟灵寺、磨盘寺、飞来寺、海会庵、北营清真寺、塘子清真寺、玉屏清真寺、福音堂

续表

总类	分类	亚类	景观（景点）
人文旅游资源	古建筑	特色建筑	蒋家大院、董家大院、角家营大院、垛木房、草房
		塔	红军长征纪念塔、文笔塔、钟灵山塔林、贾台山纪念塔
		碑碣	河上洞题刻、汪氏墓地石牌坊、观音洞石刻、普车河桥碑、革命烈士纪念碑、小米马金花纪念碑、凤都部院禁革碑、永免乡彩碑、掌鸠河合同碑记、掌鸠河水道碑、盗窃安民碑、万古不朽碑、永丰大青碑、古盟台、观音寺碑记、官度灯棚碑、新建诸葛武侯祠碑、木高墓志铭、刘文征墓志铭、兰先生祠堂记、灯山碑记、记垂后世碑、千古流芳碑、上游水库纪念碑、红军长征过嵩明碑
		建筑小品	黄亭子、西村奎阁、富民坊、麦竜古渡、河东古渡、赤鹭古渡、乐在古渡、乐在溜索、撒字堵溜索、八音井
		桥	永定桥、旧石桥、永固桥、太平桥、三星桥、宜格大桥、安顺桥、小江桥、晓光桥、双龙桥、普济桥、转龙大石桥、竹茂桥、普渡河铁索桥、尼格溜索
		雕塑	银厂坡洞穴造像、铜都街心花园雕塑
		陵寝陵园	横河红军烈士墓、氮肥厂红军烈士墓、海头红军烈士墓、柯渡红军烈士墓、李文博烈士墓
		石窟	麻栗坪石窟
		墓	西山古墓群、笔架山古墓群、大营山古墓群、山头村后汉墓、杨蓬仙墓、马大钢墓、严家训烈士墓、红军墓、东村姑娘墓、砖石墓、普车河、中厂河、老土城、黄果园等地的古墓葬、云南中书行政安慈墓、武定军民府第二十任知府索林墓、狮山书院院长龙晓林墓、兰茂墓、汗墓、木高墓、刘文征墓、历代古墓群、武德将军墓碑
		摩崖字画	云龙安则箐彝文摩崖、至都摩崖、民权摩崖、三台山摩崖造像、发明蹩字崖摩崖、飞翠崖摩崖石刻
	消闲求知健身	科学教育文化设施	文化馆、图书馆、运动场馆
		公园	滨河公园、人民公园、深沟森林公园、黑龙潭公园、青龙潭公园、法界寺森林公园、海潮寺森林公园、云南省花卉示范基地、缤纷园艺花卉基地、木作花卉基地、白邑清华苑植物园、矣铎万亩果园、大哨森林狩猎场、学海公园、三月三公园
		游乐场所	剧院、电影院、南澳庄园、长松园国有林场度假区、白兔山庄、龙街渔乡苑、嵩阳鱼乡园、万亩鱼池垂钓区、白邑乡农家乐、阿子营乡农家乐、百花山庄、明熙苑度假山庄、龙腾苑度假山庄、伽峰山乡村营地
		文艺团体	京剧团、花灯团、歌舞团、滇剧团
		现代设施	因民、汤丹、落雪、烂泥坪等铜矿采选厂

续表

总类	分类	亚类	景观（景点）
人文旅游资源	城乡风光	特色城镇/村落	白邑村、新春邑村
	民俗风情	节庆	火把节、尝新节、春节、猪头节、花山节、做寿、立木、开斋节、古尔邦节、圣诞节、六月六丰收节、知月哈、奔思根、毕阿达堤、饭团节、三月头龙节
		舞蹈	芦笙舞、板凳龙舞、八雅批毡舞、花灯、小街龙狮舞、颠毛驴、划旱船、跳脚舞、笛子舞、敬酒舞、喝勒舞
		音乐	土司礼仪乐、洞经音乐、滇剧、说唱、评书、山歌
		特色习俗	彝族婚俗、苗族婚俗、白族婚俗、回族婚俗、布依族婚俗、彝族丧葬习俗、苗族丧葬习俗、白族丧葬习俗、回族丧葬习俗、布依族丧葬习俗
		体育	斗舞、斗羊、赛马、火药枪射击、射弩、打磨担秋、打肉块、打鸡毛包
		服饰	彝族服饰、苗族服饰、白族服饰、回族服饰、布依族服饰
		宗教	佛教、道教、基督教、伊斯兰教、原始宗教
	商品购物	工艺品	青云工艺（铜制工艺等旅游纪念品）、铜矿石、铜器、铜工艺品、竹木器、刺绣、五彩羊毛毡、竹编、篾扎、银铜制品、羊毛编织、根雕、盆景、山羊板皮、漆器、擀毡、陶器、银饰、蜡染
		土特产	款庄荬瓜、大树杨梅、鸡枞、板栗、葡萄、柑橘、药材、米醋、脆皮花生、汤退羊、燕麦炒粉、禄劝壮鸡、乌骨鸡、野生食用菌、竹根酒、杨林肥酒、花卉、水果、白云豆、松子、花椒、松茸、淡水鱼、七彩山鸡、肉鸽、牛干巴、"九友"酒系列、洋芋、褐煤、牛皮
		食品	彝族饮食、苗族饮食、白族饮食、回族饮食、酸菜鱼、洋芋焖饭、牛干巴、清汤羊肉、清汤狗肉、干巴菌、老腌肉、松蛋菌

1. 地文景观类

昆明市北部旅游圈地文景观类旅游资源主要包括自然灾变遗迹、山岳、洞穴等，尤其是壮观的泥石流、丰富的矿洞遗址、神秘莫测的轿子雪山，使得北部这片沃土更加浓墨重彩，是摄影爱好者的天堂，更是观光旅游者梦寐以求的地方。

2. 水域风光类

昆明北部旅游圈境内河流密布，有大小河流近20条，有金沙江、普渡河、小江、南盘江、螳螂川、龙泉河、大白河等；同时该区域分布有云龙湖、西冲河水库、龙闸坝水库、花箐水库、新桥水库、清水海等众多湖泊水库，山间潺潺溪流如影随形，水域风光类资源极为丰富。

3. 生物景观类

昆明北部旅游圈植被类型丰富多样，从亚热带到寒带气候条件的植被类型在区内均有分布。以轿子山杜鹃花海和冷杉林、北大营四季如春草场、普渡河自然保护区、九龙原始大树杜鹃林等为代表的生物景观，使该区域极为适合开展森林生态旅游。

4. 天象景观类

昆明北部旅游圈的天象景观类主要表现为云海、雾山、佛光、朝霞等，尤以轿子山最具代表性。轿子山海拔高气温低，云层下沉在3000~3500米，白天随着气温升高，云层抬升，云量增加，形成了蔚为壮观、波澜壮阔的云海仙景的景象。在很多地方还可以看到天池神鼋、云崖佛光、雾凇、降雪等奇特、神秘莫测的天象景观。

5. 历史遗迹和古建筑类

昆明北部旅游圈的历史遗迹和古建筑十分丰富。昆明市是我国历史文化名城之一，是南诏文化、吐蕃文化、东巴文化和伊斯兰文化与中原文化的交会地，在长期的历史文化演进中积淀下不同历史时期的风俗、艺术、信仰和建筑等历史遗迹，其中尤以梁王营遗址、寻甸府城遗址、禄劝皎平渡长征纪念馆最为著名。寻甸、嵩明、富民、禄劝、东川等地是当年红军战斗和路过的地方，如今仍保留有大量红军长征历史遗址和遗迹。

6. 休闲求知健身类

昆明北部旅游圈主要包括森林公园、滨河公园、花卉基地、特色植物园、各种文艺团体及游乐场所。如位于嵩明的法界寺森林公园、海潮寺森林公园和阿子营百合花生产基地，而富民广袤无垠的土地上经济作物四季更替，形成"花枝不断四时春"的美景。

7. 城乡风光和民俗风情类

昆明北部旅游圈是昆明市少数民族分布较为集中的区域，以彝族、苗族、回族等为代表的少数民族风情浓郁，以白邑村、新春邑村、小水井等为代表的少数民族村寨民族风情资源丰富，通过挖掘、抢救和弘扬少数民族文化遗产，可为建设民族文化大市增添新的内容和多样的表现形式。

8. 商品购物类

昆明北部旅游圈可开发的旅游商品包括班铜、仿古铜、锡器、竹编、木雕、根雕、陶艺、刺绣、民间绘画等，主要开发的旅游纪念品有牛角梳、干燥花、鲜切花、玉石珠宝、云南卷烟、民族服饰等，土特产有普洱茶、干菌、干果、火腿、卤腐、干巴、烤鸭、果脯、果汁等。

（二）旅游资源空间分布

根据旅游资源集聚状况并结合行政区划惯例，将昆明市北部旅游圈旅游资源按照五区划分并进行描述。

表3.1.3　昆明市北部旅游圈旅游资源空间分布

旅游资源区	面积（平方千米）	典型旅游景观
嵩明旅游资源区	1357.29	上游湖水库、弥良河水库、大石头水库、西冲河水库、大冲河水库、盐槽菁水库、小石坝水库、青龙潭水库、菱角塘、梁王山、海潮寺、法界寺、梁王城遗址、黑龙潭公园、青龙潭公园、彝族、回族、苗族、白邑村、新春邑村、兰公祠、武侯祠、嵩阳镇魁星阁、圆通村魁星阁、白龙桥魁星阁、禅青龙寺、黑龙宫、积德清真寺等
寻甸旅游资源区	3598.00	北大营草场、柯渡丹桂村红军长征纪念馆、回族、彝族、苗族、垛木房、草房、伊斯兰教、基督教、佛教、道教、原始宗教、清水海、潘所海、山岳、洞穴、盆地、钟灵寺、磨盘寺、飞来寺、海会庵、清真寺等
东川旅游资源区	1858.79	蒋家沟泥石流、大小白泥沟、老干沟等地的泥石流、金沙江东川段、木树郎新石器时代遗址、中厂河汉代制陶遗址、茂麓、九龙、新塘花子洞等采矿遗址、立体气候、乌蒙山爱心佛光、石将军岚雾、云海、雪火岭晚霞、妖精塘雷雨和冰雹、乌蒙山、九龙瀑布、白滢瀑布、跌水、木板海草甸、大海、姑海野牛高山草甸、彝族等
禄劝旅游资源区	4249.00	轿子雪山、冰"U"谷、冰渍堤、角峰、刃脊、冰蚀湖、象形山石、雪山佛光、晚霞、日出、云山雾海、瀑布、跌水、大树杜鹃、皎平渡口、彝族、蒋家大院、董家大院、云龙湖、掌鸠河、摩崖石刻等
富民旅游资源区	993.01	万亩葡萄园、千亩苹果林、万亩大树杨梅林、舒适气候、彝族、苗族、白族、回族、佛教、道教、基督教、伊斯兰教、山岳、洞穴、螳螂川、水库、热水塘温泉、沙平温泉、龙泉大龙潭、觉海寺、黄坡山神庙、文庙、九峰山中华禅寺、白龙寺、净元寺、普济寺、观音寺、土主寺、三官寺、西村寺、万寿庵、魁阁、张家祠堂等

1. 嵩明旅游资源区

嵩明旅游资源区位于昆明市北部偏东，境内地势由西北向东南倾斜，系云贵高原上的中低山与盆地、河槽相间地形，为云南第七、昆明第二大平坝。嵩明境内地质构造运动强烈，断层构造复杂，拥有盆地、岩溶丘原、山地丘原、中山河谷、侵蚀浅切割中山、构造溶蚀中山六大地貌。嵩明旅游资源区气候属温带、暖温带、北亚热带混合类型，冬无严寒，夏无酷暑，气候舒适、宜人。嵩明旅游资源区旅游资源类型齐全、种类丰富，其中以水域风光资源、地文景观资源和生物景观资源为主体。特别是嵩明旅游资源区内广泛分布着众多湖泊水库，构成嵩明在昆明市北部旅游圈的特色优势资源。

2. 寻甸旅游资源区

寻甸旅游资源区位于昆明市东北部，境内中、北部偏高，东、西部偏低。寻甸地处滇东北高原，具有典型的高原湖盆地貌特征。东南部低中山丘原及宽窄不等的各类湖盆交错展布；河口区大部、功山区的纲纪、横山及金所、羊街区的老黄山一线，喀斯特地貌极为典型；北部多高山峡谷，泥石流活动较频繁；中部山峰隆起，水系发达，总体构成高山、丘陵、坡地、坝子、河谷等多种地貌。寻甸旅游资源区为低纬高原季风气候，冬春气候温暖，干旱少雨；夏秋多雨，凉爽潮湿。寻甸旅游资源区内旅游资源集自然、历史、人文为一体，种类较为齐全，与其他旅游资源区相比，寻甸县以高原草原风光最具有特色。

3. 东川旅游资源区

东川旅游资源区位于昆明市最北端，境内西高东低，南向北倾斜。东川区地处滇经向构造带与华夏系东北向构造带接合部位，断裂带地壳挤压剧烈，岩石破碎，燕山期活动加剧，形成现代地壳的脆弱地带，为地震、泥石流多发区。东川区的地质、地貌条件，造就了险峻的高山、湍急的河流、深切的峡谷、大规模的泥石流、壮观的红土地等一系列旅游景观。东川区属亚热带季风气候，由于山脉河谷纵横、地形高差悬殊，形成显著的立体气候特征，"一山有四季，十里不同天"。高海拔地区云雾缭绕，雨雪、冰雹等天象时有发生，变化万千。东川旅游资源区以泥石流奇观、铜矿遗址和红土地共同构成东川旅游资源区的特色旅游资源。

4. 禄劝旅游资源区

禄劝旅游资源区位于昆明北部，境内东北高，西南低，地形复杂，地表起伏较大。禄劝处于强烈的南北向切割的横断山脉中段及滇池断陷带上，境内绵延的群山与深邃的江河溪涧相间。禄劝属亚热带季风气候区，与东川相似，由于地势高差悬殊大，立体气候特点突出，冬无严寒、夏无酷暑、气候温和。禄劝旅游资源区旅游资源丰富且分布广泛，以高山冰雪、森林资源、花卉资源最具代表性，尤其是轿子山以其体量大、资源组合好、观赏价值高而最具开发潜力。

5. 富民旅游资源区

富民旅游资源区位于昆明市西北部，境内由南向北倾斜，南高北低，山峦起伏，海拔高差大，山多平坝少。富民为典型低纬度亚热带高原山地季风气候，气候温和，冬无严寒，夏无酷暑，干湿季分明。富民是昆明市的"鱼米之乡"，土地肥沃，气候适宜，农作物和经济作物长势良好。富民县境内分布大面积的大树杨梅、葡萄园、石榴园、莲藕塘、樱桃园、茭白地、山药地等，大面积经济作物四季更替，形成富民"花枝不断四时春"的美景。因此大面积生态农作物、经济作物成为富民极具特色的旅游资源。

（三）旅游资源质量评价

1. 旅游资源列级评价

表3.1.4　昆明市列级旅游资源一览

单位：个

类型	级区	五华区	盘龙区	西山区	官渡区	东川区	富民县	石林县	安宁市	禄劝县	晋宁县	呈贡县	寻甸县	嵩明县	宜良县	合计
风景名胜区	国家级			0.5	0.5			1						1		3
风景名胜区	省级									1						1
重点文物保护单位	国家级	1	1	1	2											5
重点文物保护单位	省级	9	3	6	4	2		4	4	4	1		1		1	39
森林公园	国家级				1								1			2
森林公园	省级															0
自然保护区	国家级															0
自然保护区	省级			0.2	0.2	0.5		1	0.2	1.5	1.2	0.2		1		6
度假区	国家级			0.5	0.5											1
度假区	省级															0
合计		10	4	8.2	8.2	2.5	0	2	4.2	6.5	5.2	1.2	1	2	2	57
排名		1	6	2	2	6	10	7	5	3	4	8	9	7	7	—

由表3.1.4可见，禄劝县拥有列级资源6.5个，居第三位；东川区拥有列级资源2.5个，居第六位；嵩明县拥有列级资源2个，居第七位；寻甸县拥有列级资源1个，居第九位；富民县没有列级资源。在整个昆明市范围内列级

资源共 57 个，昆明市北部旅游圈拥有列级资源 13.5 个，占总数的 23.7%。

2. 旅游资源等级评价

（1）评价依据与评价方法：根据中华人民共和国国家标准《旅游资源分类、调查与评价》中所规定的分类评价体系（见表 3.1.5），对昆明市北部旅游圈各旅游资源区内旅游资源进行赋分，然后根据所得的分值和等级指标给旅游资源单体确定其等级。评价的主要依据是实地调查的结果，并进行充分论证，对独立型旅游资源单体和集合型旅游资源单体进行综合评价。

表 3.1.5 旅游资源评价赋分标准

评价项目	评价因子	评价依据	赋值
资源要素价值（85分）	观赏游憩使用价值（30分）	全部或其中一项具有极高的观赏价值、游憩价值、使用价值。	30~22
		全部或其中一项具有很高的观赏价值、游憩价值、使用价值。	21~13
		全部或其中一项具有较高的观赏价值、游憩价值、使用价值。	12~6
		全部或其中一项具有一般的观赏价值、游憩价值、使用价值。	5~1
	历史文化科学艺术价值（25分）	同时或其中一项具有世界意义的历史、文化、科学、艺术价值。	25~20
		同时或其中一项具有全国意义的历史、文化、科学、艺术价值。	19~13
		同时或其中一项具有省级意义的历史、文化、科学、艺术价值。	12~6
		同时或其中一项具有地区意义的历史、文化、科学、艺术价值。	5~1
	珍稀奇特程度（15分）	有大量珍稀物种，或景观异常奇特，或此类现象在其他地区罕见。	15~13
		有较多珍稀物种，或景观奇特，或此类现象在其他地区很少见。	12~9
		有少量珍稀物种，或景观突出，或此类现象在其他地区少见。	8~4
		有个别珍稀物种，或景观比较突出，或此现象在其他地区较多见。	3~1

续表

评价项目	评价因子	评价依据	赋值
资源要素价值（85分）	规模、丰度与概率（10分）	独立型旅游资源单体规模、体量巨大，集合型旅游资源单体结构完美、疏密度优良级，自然景象和人文活动周期发生或频率极高。	10~8
		独立型旅游资源单体规模、体量巨大，集合型旅游资源单体结构很和谐、疏密度良好，自然景象和人文活动周期发生或频率很高。	7~5
	规模、丰度与概率（10分）	独立型旅游资源单体规模、体量中等，集合型旅游资源单体结构和谐、疏密度优较好，自然景象和人文活动周期发生或频率较高。	4~3
		独立型旅游资源单体规模、体量较小，集合型旅游资源单体结构较和谐、疏密度一般，自然景象和人文活动周期发生或频率极高。	2~1
	完整性（5分）	形态与结构保持完整。	5~4
		形态与结构有少量变化，但不明显。	3
		形态与结构有明显变化。	2
		形态与结构有重大变化。	1
影响力（15分）	知名度和影响力（10分）	在世界范围内知名，或构成世界承认的名牌。	10~8
		在全国范围内知名，或构成全国性的名牌。	7~5
		在本省范围内知名，或构成省内的名牌。	4~3
		在本地区范围内知名，或构成本地区的名牌。	2~1
	适游期或使用范围（5分）	适宜游览的日期每年超过300天，或适宜于所有游客使用和参与。	5~4
		适宜游览的日期每年超过250天，或适宜于80%游客使用和参与。	3
		适宜游览的日期每年超过150天，或适宜于60%游客使用和参与。	2
		适宜游览的日期每年超过100天，或适宜于40%游客使用和参与。	1

根据旅游资源单体评价总分，将其分为五级。从高到低为：

五级旅游资源，得分值域≥90分；

四级旅游资源，得分值域75~89分；

三级旅游资源，得分值域60~74分；

二级旅游资源，得分值域 45~59 分；

一级旅游资源，得分值域 30~44 分；

未获等级旅游资源，得分值域 ≤ 29 分。

其中，五级旅游资源又被称为"特品级旅游资源"，四级、三级旅游资源被通称为"优良级旅游资源"，二级、一级旅游资源被通称为"普通级旅游资源"。

（2）旅游资源评价结果：依据上述评价方法，昆明市北部旅游圈共有旅游资源单体 575 个，其中五级资源有 8 个，四级资源有 18 个，三级资源有 34 个，二级资源有 51 个，一级资源有 138 个，分别占旅游资源总数的 1.39%、3.13%、5.91%、8.87%、24.00%。

表 3.1.6　旅游区主要旅游资源等级

级别	旅游资源					合计（个）
	嵩明旅游资源区	寻甸旅游资源区	东川旅游资源区	禄劝旅游资源区	富民旅游资源区	
五级旅游资源	水库、鱼塘		蒋家沟泥石流、采矿遗址	轿子雪山、杜鹃	万亩葡萄园、万亩大树杨梅林	8
四级旅游资源	梁王山、梁王城遗址、法界寺森林公园、海潮寺森林公园	北大营草场、柯渡丹桂村红军长征纪念馆	红土地、大小白泥沟、老干沟等地的泥石流、树桔红军渡、	皎平渡、轿子山天池、瀑布、普渡河苏铁自然保护区	千亩苹果林、莲藕、山药、老干山战场、	18
三级旅游资源	青龙潭、黑龙潭、白龙潭、黄龙潭、泉、黄山旧石器遗志、大城遗址	清水海、潘所海、白石岩溶洞、燕子洞、大落水洞、大石洞、天生洞、龙骨洞、老干洞	小白岩石林、石芽原野、金沙江东川段、九龙瀑布	冰"U"谷、冰渍堤、角峰、冰刃脊、冰蚀湖、跌水、云龙湖、云山雾海	天然温泉池、热水塘温泉、沙平温泉、龙泉大龙潭、诸葛营、初建富民县城遗址	34
二级旅游资源	海潮水晶宫、马军仙人洞、小新街土林、历代古墓群、古盟台、白邑村、新春邑村	南谷温泉（塘子温泉）、驿道遗址、文庙、古城古寺、文笔塔、钟灵寺、磨盘寺、飞来寺、海会庵、钟灵山尚塔林、"六塔之战"纪念塔	燕子洞、仙人洞、黑龙洞、白滢瀑布、岔河跌水、大厂至铜都跌水、立体气候、乌蒙山爱心佛光	象形山石、雪山佛光、晚霞、日出、蒋家大院、董家大院、摩崖石刻、溶洞	黄坡山神庙、九峰山西华禅寺、白龙寺、净元寺、土主寺、三官寺、气眼洞、宝石洞、红岩洞、螳螂川、水库、舒适气候、武定县南关遗址、古驿道	51

续表

级别	旅游资源					合计（个）
	嵩明旅游资源区	寻甸旅游资源区	东川旅游资源区	禄劝旅游资源区	富民旅游资源区	
一级旅游资源	药灵山、黄龙山、笔架山、杨梅山、石头山、草白龙山、三尖山、阿子营彩云岩、弥良河、牧羊河、国马河、普沙河、对龙河、杨林河、匡郎河、古柏、古盟台、观音寺碑记、官度灯棚碑、新建诸葛武侯祠碑、革命烈士纪念碑、红军长征过嵩明碑等	北营清真寺、塘子清真寺、玉屏清真寺、贾台山纪念塔、红军烈士墓、三月三公园、彝族服饰、苗族服饰、回族服饰、青龙山、大庙山、凤龙山、文笔山、举人坟、关索岭、花石头、花石头梁子、小海梁子、牛栏江、小江支流（响水河、四甲河）、洗马河、鸡街河、蟒蛇河等	晓光河、大白河、小江河、石将军岚雾、云海、雪火岭晚霞、妖精塘雷雨和冰雹、木板海草甸、大海、姑海野牛高山草甸、木树郎新石器时代遗址、中厂河汉代制陶遗址、赵氏宗祠、祝国寺、店房村清真寺、革命烈士纪念碑等	彝族、掌鸠河、封过湖、双化湖、炉房箐湖、汉牌湖、角家营大龙潭、转龙缩泉、钉钯水龙洞、月牙洗马塘、普渡河温泉群、铜都温泉、大海、大板海、观音寺、香海庵、云台庵、魁星阁、民权文庙、三圣宫、土主庙等	望海山、老尖山、法华山、凤摆山、晒祖洞、蝙蝠洞、过水洞、大石洞、龙泉河、清水河、天生桥河、馆藏红军遗留器物、麦竜古渡、河东古渡、赤鹫古渡、乐在古渡、乐在溜索、撒字堵溜索、平顶山、土主寺、三官寺、西村寺、万寿庵、魁阁等	138

（四）旅游资源特色分析

通过与昆明市其他地区旅游资源的对比分析，昆明市北部旅游圈旅游资源具有以下特色与优势。

1. 高山冰雪景观

轿子山作为"滇中第一山"，拥有美轮美奂的自然景观和厚重的历史人文积淀。不仅有数量丰富、类型齐全的生物种群，更有低纬度地区罕见的冰雪（冰瀑）、冬瀑、降雪、雾凇、雨凇、佛光、云海、神雹等冬景和特殊天气现象，堪称云南一绝。轿子山除拥有丰富多样的自然景观外，还因其"五岳之首"的历史渊源、绚丽多彩的民族风情、优美动人的神话传说，增强了轿子山的历史文化厚重感。轿子山以其生物的多样性、冰雪的罕见性和天象的神秘性在滇中地区独占鳌头。

2. 泥石流地质奇观

东川享有"世界泥石流博物馆"之誉，蒋家沟是小江流域内最具代表性的一条泥石流沟，植被稀少，崩塌、滑坡发育，可移动固体物质储量极丰，地形陡峻，降雨充沛，并集中于雨季，导致泥石流频发，屡屡成灾。据观测，平均每年发生泥石流15场左右，最多的一年达28场，泥石流大多为阵流，异常泥石流有几十阵至几百阵，历时 3~4 小时，甚至数十小时。蒋家沟泥石流流态多样，过程完整，类型齐全，是世界上难得的天然泥石流观测、实验、研究的理想基地。

3. 高原草原景观

寻甸北大营草原有"高山草原"之称，是昆明周边唯一的大草甸，又是世界上唯一四季如春的草原。草原面积 23130 亩，有林地 21357 亩，水域面积 327 亩。属北亚热带季风气候，海拔 2084 米。北大营草原属山地丘陵地带，地势平坦，四面环山，周围有森林湖泊环绕，视野开阔，草场附近森林、湖泊相宜成图，风景优美。草原仲春时树绿花艳，盛夏时湖清山翠，晚秋时天红叶满箐，隆冬时节林海雪原。草场周边有苗族、彝族等少数民族风情，赋予了草甸风情内涵，从而有别于内蒙古草原、藏区草原和新疆草原。北大营草原地理位置、气候条件、资源状况等都是开发高原草场的理想地点。

4. 农业生态景观

农业生态景观以富民最具代表性。富民境内群山环绕，河山纵横，螳螂川蜿流其间，山奇水秀，人杰地灵。全县拥有耕地面积 11.46 万亩，土壤由棕壤、红壤、紫色土、水稻土 4 类土壤组成，为丰富的生物资源生长创造了良好的条件。富民县全县累计大树杨梅 20000 余亩、葡萄 7600 余亩、石榴 2000 余亩、莲藕 1500 亩、樱桃 3000 余亩、茭白 4000 余亩、山药 3000 亩、水稻 32400 亩、板栗 100 多万株。广袤无垠的土地上经济作物四季更替，形成富民"花枝不断四时春"的美景。

5. 红色旅游资源

1935 年，红一方面军进入云南，先后在云南境内活动 24 天，经过威信、镇雄、巧家、平彝（今富源）、曲靖、沾益、寻甸、马龙、嵩明、宣威、会泽、东川、富民、禄劝、武定、元谋、官渡、西山等县区。1936 年，红军第二次进入滇黔边境，红二、六军团先后在云南活动了两个多月，经过了彝良、镇雄、富源、宣威、沾益、曲靖、马龙、嵩明、禄劝、富民、禄丰、盐兴、罗茨、楚雄、牟定、镇南（今南华）、大姚、姚安、盐丰、祥云、宾川、鹤庆、丽江、香格里拉和昆明市的官渡区、西山区等 27 个县区。位于昆明市北部旅游圈的寻甸县、嵩明县、富民县、禄劝县、东川区均是当年红军战斗和路过的地方，至今仍保留有大量完好的历史遗址和遗迹，万里长征的红色革命精神仍留存在这些地区。

6. 湖泊水库景观

昆明北部旅游圈拥有丰富的湖泊水库资源，尤以嵩明的水库资源最为丰富，包括最大的蓄水工程上游水库、嘉丽泽、弥良河水库、大冲河水库、葛根潭、大石头水库等，具有优美的森林景观、多样的地貌形态、遍地的库塘潭泉、古朴的村舍田园、淳朴民俗风情等构成嵩明良好的资源结构。嵩明湖泊水库周围山势陡峭、层峦叠嶂，一湖碧水宛若一条宽幅彩带蜿蜒曲折，四周山峦苍翠葱郁、空气清新鸟鸣山幽、碧波荡漾，令人神往，每逢闲暇时间，垂钓、观光、游泳的人群络绎不绝。目前部分湖泊水库以水为中心和载体，开发了集娱乐、健身、休闲、度假功能于一体的旅游产品，引领康体休闲潮流。

二、旅游客源市场研究报告

（一）旅游客源市场构成

1. 国内市场是昆明北部旅游圈的主要市场

昆明北部旅游圈在 2003~2007 年共接待国内外游客 669.04 万人次，旅游总收入 75342.46 万元。其中，2003 年接待游客 66.98 万人次，旅游收入 8503.3 万元；2004 年接待游客 104.58 万人次，旅游收入 10083.2 万元；2005 年接待游客 139.05 人次，旅游收入 15255.11 万元；2006 年接待游客 163.99 万人次，旅游收入 18551.92 万元；2007 年接待游客 194.45 万人次，旅游收入 22948.93 万元。年均（2003~2007 年）游客数量 133.81 万人次，旅游收入 15068.49 万元。

表 3.2.1 昆明北部旅游圈游客数量、收入对比

	类别	2003年	2004年	2005年	2006年	2007年	合计	平均
游客数量（万人次）	总数	66.98	104.58	139.05	163.99	194.45	669.05	133.81
	国内	66.72	103.91	137.92	162.17	192.42	663.14	132.63
	入境	0.26	0.67	1.13	1.82	2.03	5.91	1.18
旅游收入（万元）	总收入	8503.3	10083.2	15255.11	18551.92	22948.93	75342.46	15068.49
	国内	8451.18	9983.51	15051.98	18188.1	22542.33	74217.10	14843.42
	入境	52.12	99.69	203.13	363.82	406.6	1125.36	225.07

表 3.2.2　昆明北部旅游圈游客数量比例、旅游收入比例对比

	类别	2003年	2004年	2005年	2006年	2007年	平均
游客数量比例（%）	国内	99.61	99.36	99.19	98.89	98.95	99.12
	入境	0.39	0.64	0.81	1.11	1.05	0.88
旅游收入比例（%）	国内	99.39	99.01	98.67	98.04	98.23	98.51
	入境	0.61	0.99	1.33	1.96	1.77	1.49

从表 3.2.1 和表 3.2.2 可以看出，昆明北部旅游圈国内游客的比例在 98%~99.7%，入境游客的比例在 0.3%~1.2%；国内旅游收入在总收入中所占比例在 98%~99.4%，旅游外汇收入所占比例在 0.6%~2%。因此，国内市场是昆明北部旅游圈的主要市场。

2. 省内市场是昆明北部旅游圈的重要市场

昆明北部旅游圈 2003~2007 年国内游客总量为 663.14 万人次，旅游总收入为 74217.10 万元。其中，省内游客总量为 602.2 万人次，省外游客总量为 60.97 万人次；省内旅游总收入为 65328.53 万元，省外旅游总收入为 8888.57 万元。

表 3.2.3　昆明北部旅游圈省内外游客数量、旅游收入对比

	类别	2003年	2004年	2005年	2006年	2007年	合计	平均
游客数量（万人次）	省内	63.12	95.53	122.49	146.98	174.08	602.2	120.44
	省外	3.60	8.38	15.43	15.19	18.34	60.94	12.19
旅游收入（万元）	省内	7911.25	8977.55	12738.23	15910.17	19791.33	65328.53	13065.71
	省外	539.93	1005.96	2313.75	2277.93	2751	8888.57	1777.71

表 3.2.4　昆明北部旅游圈省内外游客数量比例、旅游收入比例对比

	类别	2003年	2004年	2005年	2006年	2007年	平均
省内外游客数量比例（%）	省内	94.60	91.94	88.81	90.63	90.47	90.81
	省外	5.40	8.06	11.19	9.37	9.53	9.19
省内外旅游收入比例（%）	省内	93.61	89.92	84.63	87.48	87.80	88.02
	省外	6.39	10.08	15.37	12.52	12.20	11.98

从表3.2.3和3.2.4可以看出，昆明北部旅游圈的省内游客比例在90%~95%，省外游客的比例在5%~10%；省内旅游收入占国内旅游收入的比例在84%~94%，省外旅游收入比例在6%~16%。由此可看出，省内市场是昆明北部旅游圈的重要市场。

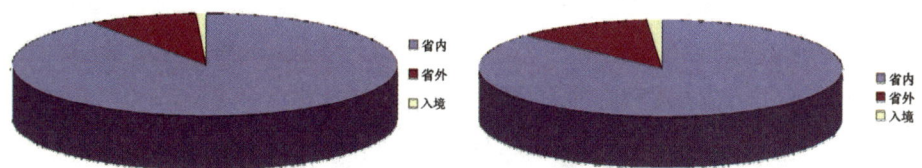

图3.2.1　昆明北部旅游圈游客数量对比　　图3.2.2　昆明北部旅游圈旅游收入对比

从图3.2.1和图3.2.2中可以看出，昆明北部旅游圈的省内游客占绝大比例，说明云南省内是昆明北部旅游圈的重要客源地。这一结果说明昆明北部旅游圈的主要市场方向为省内游客，而在省内游客中，昆明周边游客又成为省内游客中的重点。

（二）旅游客源市场特征

1. 国内旅游市场特征

（1）旅游客源地

省内市场占整体客源市场的90%以上，主要来自昆明市及昆明周边城市。昆明市是最大的客源地，曲靖、楚雄、昭通等城市是昆明北部旅游圈的重要客源城市。

（2）游客构成特征

①从性别来看，男性游客占总人数55%，女性游客占总人数45%（见图3.2.3）。

②从年龄段来看，25~44岁的游客比例很高，占60%，其次是65岁以上，占22%，第三是45~64岁的游客占了16%，其他占2%（见图3.2.4）。

③从职业来看，企事业单位（包括私企、国企和政府）的游客较多，达到近一半人次，占47.4%。其次是学生、服务销售人员和专业文教科技人员，分别占13.6%、12.5%和12.2%（见图3.2.5）。

④从旅游目的来看，观光旅游占主要部分，占55.9%，休闲度假占21%，其次是商务和会议占14.8%，探亲访友占4.8%，其他占2.6%，文体交流占0.9%（见图3.2.6）。

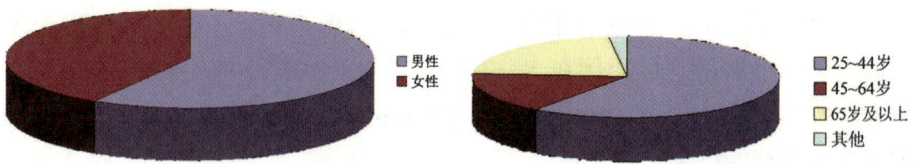

图 3.2.3　昆明北部旅游圈游客性别结构　　图 3.2.4　昆明北部旅游圈游客年龄构成

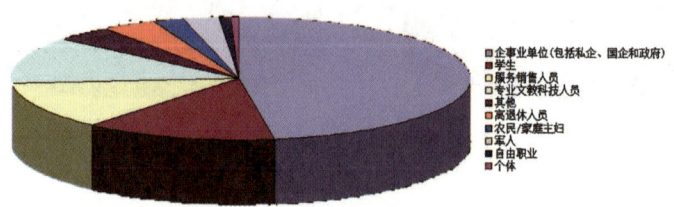

图 3.2.5　昆明北部旅游圈游客职业构成

图 3.2.6　昆明北部旅游圈旅游目的构成

2. 境外旅游市场特征

（1）境外旅游市场总体情况

昆明北部旅游圈境外市场增长迅速，2004年比2003年游客数量增长153.85%（2003年受"非典"影响，境外游客数量大量减少），旅游收入增长92.31%；2005年比2004年游客数量增长71.21%，旅游收入增长103%；2006年游客数量增长61.06%，旅游收入增长79.31%；2007年游客数量和旅游收入的增长分别进入增长成熟期，增长幅度在11%~12%（见图3.2.7、表3.2.5）。

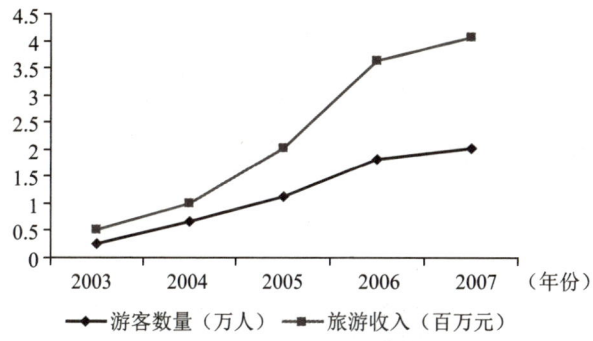

图 3.2.7　昆明北部旅游圈境外游客数量、旅游收入增长

表 3.2.5　2004~2007 年游客数量、旅游收入增长率

	2004年	2005年	2006年	2007年
游客数量增长率	153.85%	71.21%	61.06%	11.54%
旅游收入增长率	92.31%	103.00%	79.31%	11.68%

（2）境外旅游市场特征

①旅游客源地

亚洲和中国港澳台地区是昆明北部旅游圈境外市场的主要组成部分，亚洲游客数量居于前三位的国家分别是马来西亚、韩国、日本（昆明北部旅游圈境外游客数量较少，以洲为单位统计）。

表 3.2.6　昆明北部旅游圈境外旅游市场结构

地区	中国港澳台	亚洲	欧洲	美洲	大洋洲	非洲	其他
游客比例(%)	31.65	48.66	10.93	5.66	2.61	0.15	0.34

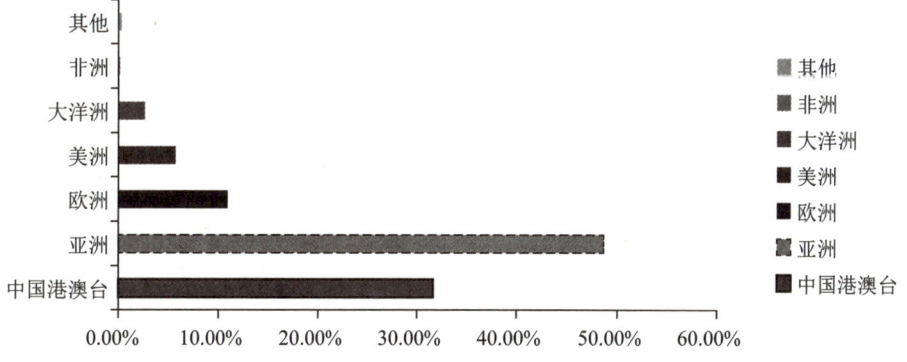

图 3.2.8　昆明北部旅游圈境外旅游市场结构

②游客特征

从旅游目的看,境外游客在昆明北部旅游圈主要以观光旅游、休闲度假、商务会议为主,探亲访友及其他占有较小比重(见图3.2.9)。

从职业构成看,昆明北部旅游圈的境外游客中,专业技术人员占27%,商贸人员占24%,官员占15%,职员占13%,退休人员占10%,学生占8%,其他占3%(见图3.2.10)。

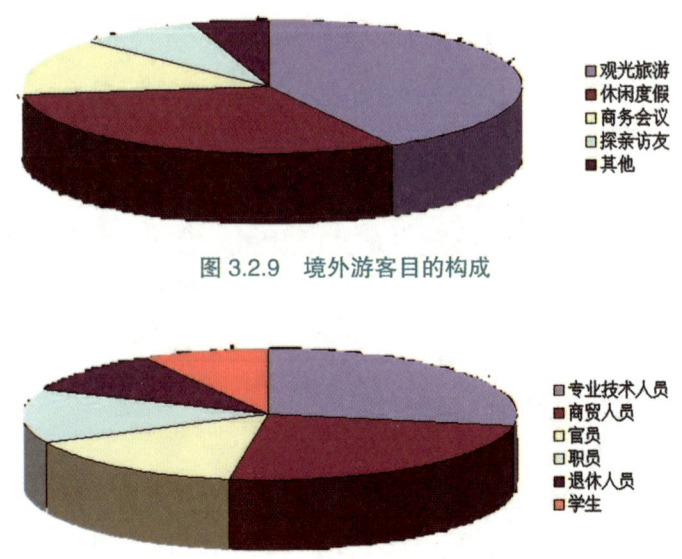

图3.2.9　境外游客目的构成

图3.2.10　境外游客职业构成

(三)旅游客源市场预测

1. 预测依据

对昆明北部旅游圈的游客增长趋势的预测,要充分考虑影响游客规模的各种因素:既有国内外政治因素、社会经济和自然环境因素,也有旅游者的社会人口特征等综合因素;我国、云南省及地方政府发展旅游业的方针政策及昆明北部旅游圈在云南以及省内外旅游市场销售中的竞争力;旅游区的开发建设速度和接待能力;旅游区内旅游资源的质量、优势及旅游开发的制约性因素;国内外游客需求发展趋势、休假制度;客源地的社会经济状况及相关风景区、景点现有年游客流量及开发建设管理经验等。在诸多因素中,昆明北部旅游圈的旅游产品的规划开发、旅游品牌的打造、形象营销程度与效果、景区游憩容量和旅游环境承载力等因素,成为影响昆明北部旅游圈游客增长预测的重要因素。

2. 预测方法

通过数据分析，得知昆明北部旅游圈各县区 2007 年全年接待旅游者的基数为 194.45 万人次，旅游总收入为 2.29 亿元，旅游者的平均消费额为 120 元/人次。在对昆明北部旅游圈的环境容量科学计算的基础上，根据昆明北部旅游圈的旅游建设、营销发展以及主要客源地的经济发展状况，综合考虑到昆明市、昆明北部旅游圈各县区经济增长率和旅游业发展的增长率，在对历年游客的资料统计基础上，结合各旅游区开发建设的进展、昆明北部旅游圈旅游形象的打造，以及其他影响昆明北部旅游圈旅游发展的因素，对昆明北部旅游圈客源市场增长和旅游收入做出以下预测（见表 3.2.7、表 3.2.8）。

表 3.2.7　昆明北部旅游圈 2008~2020 年旅游客源规模和收入增长

年份	旅游者人数		旅游收入	
	增长率（%）	预测数（万人次）	增长率（%）	预测数（万元）
2007（基准年）	194.45		22948.93	
2008	上限 16.00	225.56	上限 16.00	26620.76
	下限 12.00	217.78	下限 12.00	25702.80
2009	上限 20.00	270.67	上限 22.00	32477.33
	下限 16.00	252.63	下限 18.00	30329.31
2010	上限 22.00	330.22	上限 26.00	40921.43
	下限 16.00	293.05	下限 20.00	36395.17
2011	上限 24.00	409.48	上限 29.00	52788.65
	下限 18.00	345.80	下限 24.00	45130.01
2012	上限 24.00	507.75	上限 33.00	70208.90
	下限 20.00	414.96	下限 27.00	57315.11
2013	上限 26.00	639.77	上限 38.00	96888.28
	下限 20.00	497.95	下限 33.00	76229.10
2014	上限 22.00	780.51	上限 40.00	135643.59
	下限 18.00	587.58	下限 36.00	103671.57

续表

年份	旅游者人数		旅游收入	
	增长率（%）	预测数（万人次）	增长率（%）	预测数（万元）
2015	上限 22.00	952.23	上限 40.00	189901.03
	下限 16.00	681.60	下限 36.00	140993.33
2016	上限 20.00	1142.67	上限 38.00	262063.42
	下限 16.00	790.65	下限 35.00	190341.00
2017	上限 18.00	1348.35	上限 30.00	340682.44
	下限 14.00	901.34	下限 25.00	237926.25
2018	上限 16.00	1564.09	上限 26.00	429259.88
	下限 12.00	1009.50	下限 22.00	290270.03
2019	上限 15.00	1798.70	上限 22.00	523697.05
	下限 11.00	1120.55	下限 18.00	342518.63
2020	上限 14.00	2050.52	上限 20.00	628436.46
	下限 10.00	1232.60	下限 15.00	393896.43

表 3.2.8　2010 年、2015 年、2020 年旅游客源规模和收入增长

预测项目	时序	2007年（基准年）	2010年	2008~2010年均发展速度（%）	2015年	2011~2015年均增长率（%）	2020年	2016~2020年均增长率（%）
游客人数（万人次）	上限	194.45	330.22	119.31	952.23	24	2050.52	17
	下限		293.05	114.65	681.60	18	1232.60	13
旅游收入（万元）	上限	22948.93	40921.43	121.26	189901.03	36	628436.46	27
	下限		36395.17	116.62	140993.33	31	393896.43	23

3. 预测结果

A. 下限方案：

2008~2010 年，游客年均发展速度为 114.65%，旅游收入年均增长速度为 116.62%；到 2010 年，游客总量达到 293.05 万人次，旅游收入达到 36395.17 万元。

2011~2015年，游客年均增长率为18%，旅游收入年均增长率为31%；到2015年，游客总量达到681.60万人次，旅游收入达到140993.33万元。

2016~2020年，游客年均增长率为13%，旅游收入年均增长率为23%；到2020年，游客总量达到1232.60万人次，国内旅游收入达到393896.43万元。

B. 上限方案：

2008~2010年，游客年均发展速度为119.31%，旅游收入年均增长速度为121.26%；到2010年，游客总量达到330.22万人次，旅游收入达到40921.43万元。

2011~2015年，游客年均增长率为24%，旅游收入年均增长率为36%；到2015年，游客总量达到952.23万人次，旅游收入189901.03万元。

2016~2020年，游客总量年均增长率为17%，旅游收入年均增长率为27%；到2020年，游客总量达到2050.52万人次，旅游收入628436.46万元。

（四）旅游客源市场营销

1. 客源市场区域定位

（1）境外客源市场区域定位

影响昆明北部旅游圈境外入境客源市场的主要因素包括四个方面：第一，昆明北部旅游圈还未形成较为鲜明的旅游形象，旅游宣传的规模和效果还未形成，从而导致昆明北部旅游圈的境外知名度较低；第二，昆明北部旅游圈受到昆明市内及昆明南部的众多旅游区的旅游屏蔽效应的影响；第三，昆明北部旅游圈的经济发展水平及基础设施还比较薄弱，不能满足旅游迅速发展过程中大量游客的需求；第四，昆明北部旅游圈旅游区的地理位置较为特殊，海拔差较大，交通较昆明市及云南省其他旅游区欠便利，从而影响了昆明北部旅游圈的可进入性。

上述因素在现在以及未来的一段时间内仍会影响昆明北部旅游圈境外市场的格局和规模，仍需要进行大规模和深度的宣传，利用昆明市大量客源的良好基础发展自身的宣传促销，以扩大北部旅游圈的客源市场规模。

根据昆明市的境外客源市场，昆明北部旅游圈的境外客源市场定位如下：

①核心入境目标市场：东南亚地区（新加坡、马来西亚、泰国）、中国港澳台地区（香港、澳门、台湾）、东北亚地区（日本、韩国）。

②重点入境目标市场：北美地区（美国、加拿大）、西欧地区（法国、德国、英国、荷兰）。

③机会入境目标市场：大洋洲地区（澳大利亚、新西兰）、南亚地区（印

度、巴基斯坦)。

(2)国内客源市场区域定位

根据统计资料整理,赴昆明市的国内游客按人数排前20名的省市区如下:云南、广东、四川、广西、浙江、上海、北京、重庆、河北、辽宁、河南、江苏、福建、黑龙江、湖北、山西、吉林、陕西等。总体来看,赴昆明旅游的游客全国各地均有分布,其中云南省是其最大的客源,国内最大的客源输出省——广东省排在第二位。比较来说,华南地区、西南地区的游客较多,东北地区、西北地区的游客较少。从空间分布的角度来讲,昆明北部旅游圈的客源市场结构以云南省、珠三角、长三角、环渤海湾经济发达地区游客较多。

根据以上分析,对昆明北部旅游圈未来国内旅游客源市场区域进行定位:

①核心旅游目标市场(占70%):云南省(昆明市周边、大理、玉溪、楚雄、保山、红河)。

②重点旅游目标市场(占20%):西南地区(四川、重庆)、华南地区(广东、广西、福建)、华东地区(上海、浙江、江苏、山东)。

③机会旅游目标市场(占10%):华北地区(北京、天津、河北、山西)、华中地区(湖北、湖南、河南)、东北地区(辽宁、黑龙江)、西北地区(陕西、甘肃)。

2. 客源市场层次定位

从旅游者构成上,对昆明北部旅游圈客源市场作如下定位:

(1)客源类型定位:以康体休闲客源市场、生态旅游客源市场为主,以民族风情客源市场、观光游览客源市场、红色旅游客源市场为辅,以科考科普客源市场、商务贸易客源市场为补充。

(2)消费层次定位:以中档客源为主,部分高档、低档消费为辅。高档消费以商务贸易游客、康体休闲游客为主,中档消费以生态旅游、观光游览、科学考察等游客为主,低档消费以本地市场为主。

(3)旅游方式定位:以散客市场为主,团队市场为辅。当前以家庭和好友自助式旅游、自驾车旅游为主,随着市场的成熟,团队旅游份额将不断提高。

(4)旅游者年龄定位:以中青年客源为主,老年客源为辅,集中在以温泉康体、休闲度假、风情体验、生态旅游等为主要目的的旅游者。

(5)旅游者职业定位:休闲度假型游客、商务贸易型游客主要为收入较高的商务人士、公务人士、白领人士,观光游览、生态旅游、民族风情体验为大众游客，科学考察和探险型游客主要为年轻人、大学院校师生、科研机构人员。

3. 客源市场营销策略

目前，昆明北部旅游圈在发展过程中面临的最大问题是知名度较低。在昆明市内景区以及昆明南部知名景区的屏蔽下，外界对昆明北部旅游圈的了解较少。加上北部各县区的交通设施较其他知名景区还不够便利，极大地影响了北部旅游圈的知名度。

因此，在昆明北部旅游圈近期的开发和发展过程中，重点是要提高其在省内其他地区以及周边省份的知名度，通过多种渠道、利用不同媒介进行宣传。

（1）口碑营销

受部分旅游宣传可信度降低的影响，亲朋好友的介绍是旅游者获得旅游产品信息的重要途径之一，利用口碑效应进行宣传促销已经成为拓展旅游市场的重要手段之一。

昆明北部旅游圈的最主要客源市场是昆明周边地区及省内其他州市，区域区别相对较小，很多游客是通过亲友介绍而来。通过提高产品与服务质量提高游客的满意度，从而带来游客对旅游区的高评价，通过游客的口碑吸引更多的旅游者。

（2）综合营销

昆明北部旅游圈是一个综合性的旅游区，汇集了休闲度假旅游、生态旅游、自然风情旅游、红色旅游、科考旅游、商务旅游等多种旅游形态。将这些旅游形态作为一个整体进行综合性的营销，将各个景区连接成线、成片，使游客在最短的时间内能游览到更多的景区景点，节省了游客的时间成本和经济成本，符合游客的游览心理。因此，加大整体的宣传和营销力度，实现旅游区内各景点的共赢。

（3）利用互联网进行营销

互联网在人们生活中所占地位越来越重，是人们咨询、了解情况的一个重要途径。同时，互联网的信息量大、内容丰富、图文并茂、操作便捷、实时传送、低成本等特点可以使之成为旅游宣传的有力手段。昆明北部旅游圈的各县区旅游部门可以联合起来成立专门的网页系统，向旅游者提供全面、专业、详细的旅游信息，同时与知名网站合作链接，增加宣传的领域。

（4）视觉效应

在游客密集区域如机场、火车站、汽车站等区域设立多处大型广告宣传牌，对游客进行视觉攻势，使游客随时接受宣传信息，并主动了解。同时宣传画面应注重色彩对比和整体视觉效果，增强信息传递的效果。

（5）组织节庆活动

节庆活动能有效地对旅游地文化、特色、资源等进行宣传，将节庆活动与民俗、文化、资源有效结合起来，能增大旅游区域的知名度、降低宣传成本，避免传统营销和宣传过程中出现的缺少生动形象、缺乏游客参与等弊端。另外，节庆活动产生的总体影响和效应也大于其他单纯的宣传活动。

因此，根据昆明北部旅游圈各景区（点）的特征，适度适量适时的举办节庆活动。各片区的节庆活动应达到总体的和谐、互补，避免旅游圈内部的竞争和时间冲突，使旅游圈内的节庆活动达到"节庆有不同，节庆有不重（重复、冲突）"。使节庆作为昆明北部旅游圈内的重要营销手段，提升北部旅游圈的整体知名度。

三、旅游形象策划研究报告

（一）地域文脉分析

旅游形象是由多种因素综合作用形成的，其在形成过程中，既要受到地域自然环境和文化传统的影响，同时又要受游客对旅游目的地感知情况的影响，所以对旅游目的地文脉分析是研究旅游形象的基本前提。

1. 自然环境分析

从地理位置分析，昆明北部旅游圈位于昆明市北部，其北部与四川省的会理、会东两县隔金沙江相望。其优势是横卧滇、川两省之间，且紧挨云南省最大的游客集散地和主要的省内客源地——昆明，具有良好的客源；其劣势是由于山地较多，地形复杂，旅游景区之间交通距离长，可进入性差。

从水文环境分析，昆明北部旅游圈境内河流密布，有大小河流近20条，地处金沙江与南盘江分水岭地带。其优势是水系丰富，利于开展多种水上旅游娱乐活动；其劣势是虽然水系丰富，但是水运条件有限，大型游船游览方面难有作为。

从气候状况分析，昆明北部旅游圈属于低纬度、高原山地气候，受地形和海拔高度变化的影响，垂直气候特点明显。其优势是气候类型多样，有利于让游客感知不同气候带来的旅游体验，丰富旅游开发的层次；其劣势是与其他旅游目的地相比较，气候没有明显的个性特征。

从动植物资源分析，昆明北部旅游圈植被类型丰富多样，从亚热带到寒带气候条件的植被类型在区内均有分布。其优势是动植物种类横跨多种气候带，类型多样，是城市周边难得的天然公园，为开发生态、休闲旅游提供了雄厚的资源基础；其劣势是大多为水源保护区，生态环境敏感，给旅游开发和经营管理带来的限制和约束较多。

2. 人文环境分析

从文化成分分析，昆明北部旅游圈具有悠久的历史积淀，多姿多彩的民族文化，丰富的文物古迹。其优势是历史文化多样，有少数民族文化、基督教文化、军旅文化等，具有开发文化旅游的良好资源，对汉文化圈的旅游者具有一定的吸引力；劣势是，由于云南是一个多民族的省份，文化的多元化是一个较为普遍的现象，所以其民族文化存在一定的屏蔽效益；同时随着交通状况的改变和外来文化的影响，一些少数民族文化成分也在逐渐消失。

3. 形象发展回顾

昆明北部旅游圈在旅游形象发展过程中，是以轿子雪山的"南国雪山、滇中圣山、春城花山"和富民县的"绿色家园，休闲天地"为代表的单个县域和旅游景区的旅游形象出现的，并且各自形成了一定的影响力，特别是轿子雪山由于宣传力度大和定位鲜明，使得旅游形象深入人心，影响深远，成为昆明北部旅游圈的典型形象代表。

但纵观整个昆明北部旅游圈，虽然存在部分形象鲜明的景区（点），但是没有形成一个统一的形象系统，更没有一个可以囊括整个昆明北部旅游圈整体地理文脉的鲜明形象。

这使得旅游形象在旅游宣传过程中难以形成宣传的合力，同时旅游形象的宣传效率和在提升目的地的品位方面所发挥的作用也非常有限。因为零散的旅游形象策划和形象经营，其运作成本较高。

（二）形象管理战略

旅游地形象不仅包括形象定位，还有形象塑造、形象测量以及测量后对原有形象的调整。这样一个完整且具有反馈机制的过程被称为"旅游地形象管理"。形象定位和塑造不能解决形象的所有问题，旅游管理部门必须注意旅游者对旅游目的地形象的感知情况，并积极做出对策。

1. 形象管理基本原则

在形象广告界有这样的名言，"形象比实质内涵更重要，以实质内涵为后盾的形象更持久"。以上两条原则是旅游管理部门和旅游企业应该始终把握的基本原则。因为旅游者总是根据对目的地的感知形象来做出线路决策，而这种感知和实际情况并不一定完全符合,所以"形象比实质内涵更重要"。尽管如此,旅游者结束行程后,却总是根据实际感受的情况进行评判,因此只有练好基本功,以名副其实的内涵为后盾才能保持良好的形象。

2. 形象管理的双重战略

根据旅游地生命周期的特点,国内有些学者制定了相应的形象战略,见表 3.3.1,这对北部旅游圈的形象管理有一定的指导意义。

表 3.3.1 旅游形象管理战略

生命周期阶段划分	形象特征	形象战略方向
探索	知名度低,探险者乐园	树立形象
起步	新兴旅游地	形象广告促销
发展	高知名度的正"热"或过"热"旅游地	弱形象战略
稳固	"热"得比较久的旅游地	反促销
停滞	美誉度下降,不再时兴的旅游地	形象危机处理战略
衰退	美誉度低,衰退的旅游地	设计新形象
复兴	重新发展的旅游地	重新定位和形象传播

3. 形象促销战略

通常促销活动一般由四种工具构成:广告、销售促进、人员推销和公共关系,促销组合是这四种促销方法的结合形式。促销组合决策就是在产品不同的生命周期、不同的竞争环境等条件下,确定四种促销工具之间的主辅关系,以及各种促销形式在方法上的配合。

对于新推出的旅游产品,促销的主要目标是创声誉和扩大知名度,广告和公共关系起到同等重要的作用。

处于成熟期和衰退期的产品,如传统的观光产品,是大家熟悉的,所以广告设计上不需要赘述产品功能,宜采用诉求认知原理与联想相结合,突出宣传产品的优越性和市场的特殊地位,主要达到"强化潜在游客的形象,唤起记忆"的目的。

积极主动利用各种公关活动,宣传北片区在产品质量和特色方面的优势,树立正面的旅游形象,应以各种丰富的促销方式进行促销,延长产品的成熟期。

联合有实力的旅行社和与企事业单位建立友好联系,调动其积极性,发展旅游市场。

加强旅游目的地的地理信息系统建设,加快完善互联网的宣传作用,使其成为省外和国外旅游市场促销的战略重点。

(三)形象促销策略

根据市场实际情况不同,针对具体目标市场进行促销的时候,做到有所侧重。

表 3.3.2　昆明北部旅游圈形象促销策略

目标市场	主打产品	促销主题	实施次序
昆明市其他地区	休闲度假、观光娱乐、登山探险、会议产品	生态湿地、农业观光、雪山风貌、草场度假	近期
周边近郊地区	会议产品、休闲度假产品、康体运动产品、自驾游产品	生态湿地、雪山风貌、草场度假、矿山遗迹	近期
省内其他地区	登山探险产品、会议产品	组合产品、会议产品	中期
省外市场	登山探险产品	宜人气候、低纬雪山、组合产品	中期
东南亚、南亚市场	登山探险产品、特种旅游产品、商务旅游、休闲度假产品	宜人气候、低纬雪山、组合产品	近期

1. 面对昆明市其他地区的促销重点

昆明北部旅游圈的旅游产品,推出并面向昆明市的游客。昆明市北片区五个区县以外的地区包括昆明市的五华、盘龙、官渡、西山、晋宁、安宁、石林、宜良等。北片区所推出的旅游产品包括生态湿地、农业观光、雪山探险、草场风情、矿山遗迹等,体现的是与其他地区不同类型的产品组合,产品的差异以及短途旅游、一日游市场的需求,无疑使得昆明市其他地区成为北片区的主要旅游市场。

主打产品:观光娱乐、休闲度假、雪山探险和会议产品。

促销重点:为了展现短途旅游、一日游的优势,北片区必须突出自身的优势,以休闲度假、观光娱乐、雪山体验为主体,推出的促销主题包括:生态湿地、农业观光、雪山风貌、草场度假。

宣传媒介建议:第一,根据昆明地区游客获得旅游信息的规律,收视(听)率较高的电视台和广播电台为首选,但是也必须注重灯箱、海报等户外广告的宣传,宣传重点在产品、距离优势上。第二,与各大企事业单位建立友好联系，向其推出周末旅游产品。第三，选择《春城晚报》等知名度、普及性较高的报刊以及旅行社。

2. 面对周边近郊地区的促销重点

周边近郊地区指的是距离昆明北市区 200 千米以内的地区，如曲靖市、楚雄州、四川部分地区。这部分地区空间距离较短，主要针对自驾游游客及单位组织的游客，旅游吸引力主要体现在地理区位、特色产品等。

主打产品：会议产品、休闲度假产品、康体运动产品。

促销重点：强调"轿子雪山""东川矿山遗迹""北大营草场"三大特色产品，展现低纬雪山、特种旅游产品、高尔夫产品的吸引力，形成市场范围内的差异产品。虽然雪山、高尔夫产品在云南省很多地方存在，其中不乏国内外知名景区，但是品位高、差异性大的旅游产品会成为近距离游客的首选。

宣传媒介建议：主要采用地方电视台、报刊、户外广告牌等措施，同时制作精美宣传画册和促销宣传点适时推出产品。

3. 省内其他地区的促销重点

受省内地理条件约束，围绕昆明北片区的省内旅游市场所产生的吸引力并不相同，而是呈中心—边缘递减状态。

主打产品：登山探险产品、会议产品。

促销重点：面对省内市场，北片区应以昆明市区为依托，以来昆明市进行商务、会议、带薪休假等游客为主要客源，利用北片区推出的组合产品和商务会议产品来吸引游客。

宣传媒介建议：昆明市内的灯箱、海报等户外宣传形式，以及省内其他地区的机场、火车站、汽车站等的宣传。

4. 省外市场的促销重点

主打产品：登山探险产品。

促销重点：云南为低纬雪山云集之地，而轿子雪山为低纬雪山，加之昆明宜人的气候，北片区在省外也存在部分游客，以前来云南旅游，将昆明作为停靠点的游客为主要促销对象。

宣传媒介建议：在档次较高的旅游杂志上刊登广告，同时与各大旅行社合作，建立旅游信息网，充分展现吸引力。

5. 东南亚、南亚市场的促销重点

主打产品：登山探险产品、特种旅游产品、商务旅游、休闲度假产品。

促销重点：东南亚、南亚国家内部出游率较高的地区，如马来西亚、泰国、新加坡、印度尼西亚等，上述地区处于亚热带、热带区域，与这些区域不同的旅游产品就是吸引游客前来的重点，因此推出宜人气候、低纬雪山、组合产品等优势，开展商务旅游、度假旅游、雪山探险旅游等。

宣传媒介建议：以互联网传播媒介为主。

（四）形象塑造策略

1. 旅游形象塑造的基础

旅游地在旅游者心目中特色形象的最终确立，有赖于旅游者的亲身体验与感触。因为目的地的旅游服务业与旅游者的接触最多，所以在最大程度上影响着旅游者对旅游经历的评价。旅游者将旅游前的期望与旅游后的体验进行对比，最终得出是否满意的评判。

规划课题组通过访谈的方式，对比昆明北部片区旅游发展中"食、住、行、游、购、娱"六个方面，游客期望与实际体验的差异，来发现昆明北片区的下一步发展的重点环节。现按照高、较高、中等、较低、低来进行对比（见表3.3.3）。

表3.3.3 游客期望—满意对比

项目	期望值	结果
食	高期望	希望能够获得原生态的餐饮体验，实际过程中能够获得相应的体验，对于餐饮的安全问题关注度高
住	中等期望	实际过程中可以获得相应的预期，但是节、假日旅游住宿设施相对紧缺
行	较低期望	过程中获得比期望更低的体验，成为很多游客的旅游体验中最糟糕的部分
游	较高期望	能够获得相应的体验要求
购	中等期望	能够获得达到或超过游客的体验预期
娱	中等期望	以实际期望的体验之间存在一定的差距

通过本次访谈调查，可以看出大部分的游客对于昆明北片区的旅游期望并不是很高，而最终的满意度与游客的原始期望也存在着一定的差距，这可以反映出：

（1）昆明北部旅游圈尚处于旅游开发的初级阶段，在旅游宣传和形象塑造上有待于进一步的加强。

（2）游客对于昆明北部旅游圈层的餐饮和游览普遍有着较高的期望，表明游客对该区原生态的农业环境和良好的自然环境有着很大的信心。

（3）对于旅游中花费中比较高的"住、游、购"和对旅游业发展影响巨大的"行"普遍期望较低，而且实际中与期望还有一定的距离，所以在今后这方面的发展要加强功夫。

2. 旅游形象的空间塑造策略

在目的地选择最能展示旅游地形象，且传播效果最佳的地段进行形象塑造就是"旅游形象的空间塑造策略"。通常旅游形象的空间塑造的核心区包括第一印象区、光环效应区和视觉通道区，现基于以上三点来对昆明北片区的旅游形象空间塑造策略进行分析：

第一印象区：这些区域通常为游客必经和首先到达并十分重视的区域，要在这些地段树立或者强化游客的感知，先入为主，以达到事半功倍的目的。昆明市区为云南省旅游交通的枢纽，考虑到昆明北部旅游圈的交通现状，昆明机场、火车站、汽车站以及进入昆明的主要路口为重点考虑的"第一印象区"；此外考虑到昆明北部旅游圈内部的交通结构和城镇结构，各县的重点城镇和主要入口也为"第一印象区的重点考虑对象"。

光环效应区：通常指旅游目的地的主要吸引物。根据以往在该区的规划经验以及调查，昆明北片区的主要旅游吸引物为"轿子雪山"。所以在以后的营销活动中，应当逐步树立这一个景区在游客心中的核心地位。例如在以后的电视网络上突出这一景区。同时，还可以设计与这一景区相关的标志物作为昆明北部旅游圈对外宣传的标志体系的重要组成部分。

视觉通道区：主要是指通往昆明北市区的主要交通干道，和区内的一些主干道。昆明北部旅游圈层的景点在空间分布上具有分散性，游客在各景点之间的流转需要一定的时间。所以要加强指示牌的设计工作，同时也可以通过一些个性化的路标、景点标志设计缓解游客旅途的单调和乏味，改善游客旅游体验的氛围和提高游客体验的质量。

3. 旅游形象的整合

旅游目的地的重要节庆活动对于旅游目的地的形象宣传有着重要的作用，其不但是旅游形象的载体，同时也是旅游形象宣传的有效方式之一；同时旅游目的地的地理文脉为旅游形象整合的基础。所以旅游形象的整合应当坚持由当地地理文脉所决定的地方性，通过大型的节庆活动来不断地提高其影响力，丰富其内涵。

通常情况下，节庆活动的主要作用是树立正面形象、校正负面影响，提高举办地的知名度，鉴于这一特点，以及规划组的实地调查，得出火把节和苗族的宗教节事活动为昆明北部旅游圈的标志性活动，一个粗犷豪迈、一个婉转玲珑，集中代表了昆明北部旅游圈独特、多样的地理文脉特征。

对于各种节事活动的推广，合适的媒体宣传有着至关重要的作用，昆明北部旅游圈在活动的举办过程中应当不断吸引与其等量相关的媒体来关注，以不断地提高其在旅游形象的树立和宣传中的作用。

4. 旅游形象定位与塑造

通过分析结合昆明北部旅游圈层的地理文脉特征和已有的宣传底蕴，本着突出重点，继承已有宣传成果的原则，充分发挥"南国雪山、滇中圣山、春城花山"和"生态自然"等已有形象定位的魅力，可将整个昆明北部旅游圈形象定位为：

（1）总体主题形象

"冰雪世界，绿色天堂，民族乐园"；

"长征之路、南国雪山、滇中胜境"；

"滇中风情、北国风光"。

五彩北部，精彩世界——白色（冰雪旅游）禄劝，绿色（森林旅游）嵩明，红色（革命老区）寻甸，黑色（矿洞遗址）东川，黄色（农业观光）富民。

（2）旅游区位口号

昆明旅游的自留地，昆明人的第二居所地，昆明旅游的后花园，昆明人的绿色家园。

（3）市场口号

山水北部，风情北部；绿色北部，休闲北部；

风情山水，绿色北部；

拥抱青山绿水，走进健康天地；

北部山水，人间仙境；

走进多情山水，拥抱绿色北部。

（4）模糊诗意口号

昆明北部——韵味十足的诗意栖居地；

用嘴巴到昆明北部去呼吸；

昆明北部——最后的森林；

昆明北部——旅游伊甸园，诺亚方舟停靠的地方；

昆明北部——心灵休憩的地方，灵魂寄托的净土。

四、旅游发展动力研究报告

（一）区域旅游发展动力挖掘

昆明北部旅游圈地域广阔、资源类型多样，其高山峡谷、高原草场、红壤土地、冰雪森林等旅游资源，在昆明市乃至滇中地区都具有不可替代的突出优势。

尽管旅游资源分布稍显分散且开发程度低，但仍然是昆明市的旅游资源富集区，尤其是在昆明其他区域旅游开发趋于饱和的背景下，其北部地区的旅游开发就具有明显的后发优势。昆明北部旅游圈的旅游发展动力源分为外部动力源（政策机遇、客源市场）和内部动力源（经济发展、产业基础）。

1. 外部动力源

（1）昆明旅游二次创业的时机。昆明市旅游业发展正面临再上台阶的"二次创业"，按照"居住在昆明、休闲在昆明、养生在昆明、体验在昆明"的转型要求，需要拓展旅游空间、构筑旅游产品、形成新的亮点，因而北部旅游圈是昆明旅游业二次创业的突破口，也是推进昆明城市化整体进程的关键区，还是缩小昆明市社会经济发展不平衡状况的重点区和构建"和谐昆明"的敏感区。

（2）昆明城区游客需求强劲的拉动。在经过多年的建设发展，昆明市传统的旅游区已日益成熟并增幅减缓，无论是昆明当地的旅游者还是外地赴昆的旅游者，都在期待新兴的旅游目的地和寻求新奇的旅游产品，因而昆明北部旅游圈拥有十分庞大的潜在客源市场。

2. 内部动力源

（1）北部经济发展的内在动力。昆明北部旅游圈五区县属于昆明市的欠发达地区，经济发展水平一直处在昆明市的第三个层次水平，各个区县发展愿望强烈、产业结构调整积极、城乡改造力度不断加大，具有十分强劲的内在发展动力，而旅游业正成为充满生机与活力的新兴产业。

（2）旅游业自身强大的关联带动力。昆明市南片区的发展，因为"新昆明"的建设而获得了巨大的推动力，而北部旅游圈的发展一直缺乏强势的动力推进。在目前可以选择的推进力中，旅游业是最具爆发力和产业带动力的产业。通过大力发展旅游业，不仅可以扩大昆明市的旅游发展空间，而且可以为北部旅游圈的经济发展引入推动力，还可以为建设"和谐新昆明"创造有利的产业支撑。

（二）区域旅游发展动力系统

旅游发展动力是一个由旅游消费牵动和高品位的旅游资源吸引所构成的，并由旅游基础设施、接待设施及其发展条件所联系的互动型动力系统。因此，昆明北部旅游圈的发展动力系统包括三个方面的因素：一是潜在游客市场，二是公共吸引物（包括景点、环境和基础设施），三是接待设施。

1. 深度挖掘潜在游客市场

潜在游客是区域旅游发展的核心，指的是具有出游动机，又具备经济能力的游客。扩大区域游客的增量受四种因素的影响：一是游客市场的口碑宣传，二是服务设施的到位，三是旅行时间，四是潜在客数的规模。因此，因此深度挖掘各类旅游资源的潜在价值，为旅游者提供丰富多样、特色鲜明的旅游产品，从而吸引更多的潜在游客。对此，昆明北部旅游圈必须扩大宣传促销力度，加快建设旅游设施，开展节假日主题活动，以不断促进潜在向现实游客的转化。

2. 精心打造高品位旅游产品

昆明北部旅游圈旅游资源丰富，集自然景观、人文景观、历史景观于一身。现在虽然部分景观已经开发，但主要是以自然景观为主，缺乏人文景观的开发，很多景区开发简单粗略，仅仅依靠其最基本的风景吸引游客，游客逗留时间不长，造成资源的浪费。因此，昆明北部旅游圈必须花大力气打造高品位旅游产品，如禄劝轿子山国家公园、矿洞遗址公园、草原高尔夫、金沙江百里长湖、嘉丽泽生态湿地、农业生态庄园，以形成高品质的旅游吸引力。

3. 全面提升公共设施水平

公共设施是一个综合概念，既包括道路街区、电力电信、车站码头、城镇环境，也包括宾馆饭店、车船运输、信息咨询等。公共设施直接关系到一个地方的形象和接待环境，高水平、高质量、有特色的公共设施本身就会成为一种旅游吸引物。北部五县区应加大对公共设施的建设力度，全面提升公共设施的水平，使公共设施建设与旅游景区景点开发结合起来，以此改善服务质量和提高服务水平。

（三）区域旅游发展动力激发

1. 转变旅游增长方式

旅游经济增长方式的改变会激发旅游业发展的活力。"十五"以前昆明旅游经济发展总体上属于数量扩张型的增长，以扩大游客流量实现旅游经济总量的增加。进入"十一五"昆明旅游业发展面临增长方式的转变，将由从数量扩张型向效益增长型的集约化方式转变，把旅游经济的发展从单纯地依靠要素投入，转变到以高要素之间的优化组合，以及对要素资源的科技含量的注入和管理技术的更新，从而获得旅游业发展的恒久动力。昆明北部五区县的生态环境和旅游资源特点，决定了其旅游业必须走集约化发展的道路。集约化发展的途径主要有：一是注重提高旅游地的质量，通过增加旅游活动的内容，提高旅游的文化内涵和科技含量，改善和提高旅游服务质量，以刺激游客的消费，提高旅游地的经济收入；二是积极开拓高素质、高端客源市场，调整高消费型和经济型游客的比重，在限制游客过度增长情况下，努力保持旅游经济效益的不断增长；三是强调旅游供给的投入产出效益，推进旅游企业的兼并、重组和国际合作，提高旅游企业的规模经济效益；四是加强旅游企业和旅游行业的管理，强调旅游业发展必须促进和带动地方、社区的社会经济发展。

2. 推动旅游产业转移

昆明市旅游产业转移包括产业空间转移和产业梯度转移。产业空间转移主要是盘活昆明旅游资源存量，启动旅游处女地的开发，从而形成旅游吸引力，获得旅游发展动力。北部五县区的旅游发展就反映了这一要求。旅游产业梯度转移主要是由旅游发达区域向旅游不发达区域转移，促使旅游要素资源由旅游发达地区向旅游欠发达地区转移，促进旅游产业空间布局的优化和旅游要素资源的优化配置，从而促进旅游产业效率，获得旅游发展的新动力。北部五区县的旅游业发展就是这一转移的体现。

3. 拓展旅游发展空间

昆明市城市化进程要求加大对郊区地区的旅游开发的力度、投资力度和政策倾斜度，形成环昆明旅游带，形成昆明旅游业的城乡互动和城乡一体化发展格局，充分发挥郊区游憩空间对昆明旅游业的贡献。加大昆明市内旅游发达地区对旅游欠发达地区的产业转移，鼓励发达地区的旅游资金、旅游技术、旅游人才、旅游企业向旅游欠发达地区转移，促使旅游要素资源向旅游欠发达地区的充分流动。

（四）增强区域旅游发展动力

1. 加大对旅游基础设施的投入

纵观昆明北部旅游圈，各区县总体经济实力较弱，基础设施条件和旅游接待投入不足，致使旅游发展的步伐较慢，对整个区域的旅游发展是个较大的制约。因此，应积极招商引资，增加对公共设施的投入，加大对基础设施和旅游接待设施建设的投入，彻底改善基础设施和旅游接待设施条件。这不仅可以使昆明北市区旅游业发展具备良好的基础，还可以提高游客的体验质量和增加重游率。

2. 旅游产品的多层市场战略

昆明北部旅游圈在面对区域市场的开拓上，应发挥其地域优势和多样化资源优势，立足昆明及周边地区市场，注重从经济收入的角度细分市场，抓住区内的城镇人群、商人、事业单位员工、企业管理层等细分市场，开发类型丰富、特色突出、品牌鲜明的旅游产品，针对不同层次旅游者，开发针对性较强的消费产品，有重点地向多层市场出击，从而占领一定的旅游市场份额。

3. 强化旅游品牌宣传促销力度

昆明北市区所依托的资源是多类型的，因此开发的旅游产品也呈现多样化趋势，在进行市场销售的过程中，必然要凸显核心旅游产品，一区四县各自拥有自身的拳头产品，同时整个北市区也拥有核心旅游产品。根据每个旅游区和整个北市区的定位和特点，每年应设立必要的宣传资金，加大宣传投资的力度，有针对性地制定相应的宣传促销策略，重点加强在主体目标市场的宣传促销工作，强化旅游品牌的宣传促销力度。

4. 加强区域旅游合作

昆明北市区在昆明乃至滇中地区的旅游业发展中将会发展越来越重要的作用，但由于旅游资源存在相似性，必然会受到周边地区具有同类旅游资源的竞争。因此，为了使旅游区能得到快速的发展，必须加强北市区内部的区域合作与协调，积极融入整个昆明区域旅游发展中，实现资源共享、市场共享和信息共享。通过区域联动，发展旅游大产业，实现旅游业内部的互动，旅游业与商业贸易、文化产业、生态农业、休闲娱乐业、交通运输等行业的相互交叉与渗透，共筑昆明旅游业的辉煌。

五、区域旅游扶贫研究报告

（一）消除贫困任务艰巨

1. 北部五区县贫困现状

2006 年，昆明市北部旅游圈各区县生产总值达 104.79 亿元，同比增长

32.9%。五区县的发展速度高于全市平均水平，发展进入了近几年最好的时期。工业园区开发初见成效，招商引资取得新的突破，各县区的资源优势正在转化为经济优势。但是，在全市一盘棋的发展格局中，北部五区县的发展仍然滞后，贫困仍然是经济发展的主要问题，这主要表现在：

（1）经济总量小，产业发展水平低，整体效益差。以农业为主的北部区县国土面积占全市的57.0%，2006年国内生产总值仅占全市的8.7%。虽有较好的资源优势，但加工转化能力弱，尚未成为产业优势和经济优势。由于财源单一、脆弱，财政收支矛盾突出，缺乏建设发展资金。

（2）基础设施薄弱，成为制约经济发展的"瓶颈"。全市29个不通柏油路的乡镇，均集中在北部区县；水利化程度仅为64.9%，低于全市平均水平6.4个百分点；水资源利用率仅为14%，低于全市平均水平21.3个百分点；86.5万人存在饮水不安全问题；农村电网改造率仅为76.8%，部分地方农电价格仍较高；城镇化率仅为12.7%，低于全市平均水平26.6个百分点；教育、卫生、文化、体育等基础设施较差。

（3）农民增收难度大，贫困人口量大面广。到目前为止，北部区县还有低收入贫困人口40.7万人，绝对贫困人口10.7万人，分别占全市总数的87.7%和76.9%；大部分贫困人口生产生活环境较差，因灾返贫、因病返贫的情况较为突出，巩固扶贫成果难度较大；城镇居民就业、再就业形势严峻。

（4）市场化、城镇化程度低，地产商品外销率低。北部五区县大部分乡村处于边远山区，受自然地理、基础设施等因素制约，市场体系建设滞后，大宗商品市场、生产要素市场和市场信息服务体系发育不全，地产商品特别是农产品销售难的矛盾比较突出，资源优势难以转化为经济优势，农民收入增长缓慢。

（5）劳动者素质偏低，生产力水平不高。目前，北部区县高中阶段毛入学率仅为44.4%，农村劳动力人均受教育年限仅为7.2年，科学文化素质和劳动技能较低。

因此，消除贫困仍然是昆明市北部五区县未来的艰巨任务。

2. 扶贫工作所面临问题

昆明市北部五区县过去扶贫工作的主要方式有直接扶助和间接扶助。直接扶助即通过各种扶贫资金直接解决贫困人口的基本生活问题。间接扶助的形式较多，如"百村万户"工程定点结对帮扶；通过对基础设施建设，特别是交通、电力等设施的改善，促进贫困人口脱贫；通过具体项目，以贷款等形式扶助。

尽管市委、市政府已经对北部五区县的发展做出了大量艰苦卓绝的工作，但昆明市北部五区县的扶贫工作仍然面临诸多问题：

（1）贫困人口素质制约生产技术问题。贫困人口往往受教育程度较低，难以掌握复杂的生产技术，加之市场观念不强，使扶贫难度加大。

（2）传统资源利用与经济开发模式问题。相当一部分扶贫资金仍然投入在传统资源开发与利用上，经济结构单一，农民收入稳定性差，缺少增收后劲，仍然停留在"靠山吃山，靠水吃水"的传统小农经营模式上，在交通较为落后和缺乏市场销售引导的情况下，其扶贫的效果有限且极易返贫。

（3）扶贫资金投入的连续性和再投入问题。扶贫资金的投入连续性不足，再投入力度不够。

（4）扶贫工作的实施与监控问题。各县区虽有扶贫办对扶贫工作实施管理，但在实施过程中，缺乏有力的管理体系和机制，特别是农村集体经济薄弱，农村和农民缺乏资金和项目的管理水平，更需要较好地落实政府的监控职能。

（5）区域经济发展水平低。各县区社会发育程度低，因此解决温饱的标准低，边缘贫困群体比重大，贫困人口相对集中，少数刚过温饱线的农民，随时都有返贫的危险。

（二）确立旅游扶贫方式

1. 旅游扶贫的"造血"功能

由于产业结构不合理，经济基础薄弱，加之消费水平低迷，目前昆明市北部五区县扶贫成果相当脆弱，一旦受到自然灾害和经济波动等因素的影响，返贫人口就会增加。相关资料显示，昆明市北部五区县的扶贫资金总数并不少，但是扶贫资金仅仅使贫困人口脱离了贫困检测线，其造血功能却远远不足。由于经济贫困地区往往保留了独特的自然风光和民俗文化，通过发挥资源比较优势，因地制宜地发展旅游业是扶贫的捷径。

2. 旅游是该区域的比较优势产业

在昆明北部五区县的产业构成中，农业是其规模最大的传统产业，第二产业以矿业为主体属于资源消耗型产业，经济发展中缺乏带动性强的产业支撑。而北部五区县却拥有丰富的旅游资源，通过发展旅游业不仅可以优化产业结构，而且可以形成新的经济发展热点。例如，曲靖罗平多依河景区的大部分村民自从参与景区旅游发展以来，家庭经济收入有了很大提高，村民经济条件有较大改善，乡村经济社会逐步步入可持续发展道路。

3. 贫困人口与旅游资源分布重合

昆明北部五区县的经济贫困地区也是旅游资源密集分布区，贫困人口大多数居住在旅游景区周边，贫困人口分布的乡（镇）、村与旅游景区的重合度较高，通过旅游扶贫开发，可对景区周边贫困人口脱贫致富产生显著作用，使景区开发走上与当地社区有机结合的良性轨道。

（三）旅游扶贫条件分析

1. 丰富的旅游资源

昆明市北部五区县主要旅游资源点共有 575 处，其中地文景观类 88 处，水域风光类 84 处，生物景观类 68 处，天象景观类 12 处，历史遗迹和古建筑类 168 处，消闲健身求知类 38 处，城乡风光和民俗风情类 64 处，商品购物类 53 处。从统计数据看，该区域旅游资源数量丰富、类型齐全，尤以山水风光、历史文化、民俗风情、风物特产等最具旅游价值和旅游开发潜力。

2. 区域旅游联动性强

昆明北部五区县的诸多旅游资源需要两个以上区县合作开发，有的旅游线路也分布在几个区县，在旅游开发中有利于打破地区行政分割、部门壁垒和行业垄断，立足全局，组建跨地区的旅游企业，建立统一的市场体系，从而产生较强的区域联动机制。

3. 旅游扶贫的地域选择

不同的地域，旅游扶贫的方式不同。通常将旅游扶贫的地域选择分为两类：一是在旅游资源优势区，区内旅游扶贫采取亦农亦旅、景区帮扶及旅游商品生产相结合的方式；二是在旅游资源非优区，区内旅游扶贫采取传统扶贫方式加旅游商品生产的形式。在昆明北部五区县各地，可以根据不同条件选择不同的方式。

（四）旅游扶贫开发实施

1. 旅游扶贫开发目标

（1）总目标

消除重点旅游区及其周边绝对贫困人口，实现贫困人口的初步脱贫致富。

（2）阶段目标

5年目标：消除重点旅游区绝对贫困人口，农民人均纯收入达到 2000 元。

10年目标：实现重点旅游区贫困人口脱贫致富，农民人均纯收入 4000 元。

2. 旅游扶贫开发思路

政府主导，政策配套，组织落实，多方筹资，捆绑实施，滚动发展。

3. 旅游扶贫对策

（1）资源有价，群众共享。应对旅游资源进行评估作价，以股份的形式参与控股，使政府在保护资源和群众的利益以及规划发展中有一定的控制权。资源是大家的，当地群众应拥有一定的资源股份，不仅能帮助群众脱贫致富，还可以使之成为旅游资源的保护者。

（2）政府搭台，群众唱戏。旅游活动的开展依赖一定的客源，利用当前我国政府加大扶贫力度的有利时机，采取"走出去，请进来"的办法积极组织景区的宣传促销，凭借各种媒体宣传方式，全面介绍本地旅游资源，推销自己，提升知名度。

（3）全程引导，追踪培训。加强当地群众的旅游培训，采取启发、开导、典型带动等方式，引导群众利用现有条件开展旅游经营，兴办家庭旅馆，参与加工出售当地土特产品。同时，尽可能利用和开发当地的人力资源，积极引导，做好示范。

（4）保护环境，找准特色。旅游扶贫开发必须把生态保护放在首位，反对任何以牺牲资源为代价来换取一时的"经济繁荣"，旅游经营活动需要绿色农业、绿色工业相结合，相互依赖，相互促进协调发展，形成良好的大环境。

（五）旅游扶贫优先项目

1. 优先项目确定的原则

旅游扶贫优先项目确定的原则主要有以下三个方面：

（1）旅游资源品位。资源是开发所依托的基础，没有高品位的旅游资源，就不可能获得项目开发所需要的客源规模，旅游开发的目的就难以实现。

（2）旅游可进入条件。优先开发的项目必须选择可进入性条件较好的地区，只有具备了一定程度的可进入性，旅游投入才能产生效果。

（3）项目与贫困地区的结合程度。项目与贫困乡、村在空间分布上的吻合度是旅游扶贫的必要条件，只有吻合度高，旅游扶贫效果才会好。

2. 旅游扶贫优先项目

根据昆明市北部五区县所确定的旅游景区，按照优先项目确定的原则选择表 3.5.1 中的项目作为优先开发的景区。

表 3.5.1　北部五区县旅游扶贫优先项目

一级	二级	特色	功能导向
嵩明休闲养生区	长松园景区	休闲生态	休闲娱乐园区
寻甸草场康体区	北大营景区	草原牧场	草场康体运动
东川工矿体验区	矿洞群景区	工业遗产	矿洞遗址体验
	红土地景区	大地艺术	红土高原摄影
禄劝高山冰雪区	轿子山景区	高山冰雪	高山冰雪体验
	皎平渡景区	军事遗址	红色记忆缅怀
富民农业生态区	小水井景区	苗族风情	苗族风情体验

3. 旅游扶贫效益分析

（1）经济效益

①改变产业结构，带动其他产业发展。以旅游开发为先导，通过旅游业的发展，带动相关产业的发展，如商业、电信、金融、娱乐等的发展，从而使北部五区县的产业结构不断优化。

②增加就业机会，促进贫困人口脱贫致富。旅游业属于劳动密集型产业，旅游业的发展会给区域劳动力市场提供更多的就业机会，将更多劳动力从农业中转换出来。

③增加当地收入，改善贫困人口的生活水平。当地人民贫困的原因之一在于经济收入渠道单一，通过参与旅游开发和经营，人们可以在当地就业并获得经济收入，从而提高收入和改善生活条件。

（2）社会效益

①推动社区建设，增进社会稳定。旅游业发展要求相关基础设施、服务设施相配套，这必然会拉动整个地区公路、交通、电信、金融、商业等行业的发展，从而促使整个社区面貌焕然一新，大大改善社会环境。

②促进文化交流，转变思想观念。旅游业的发展带来人际流动，外面的游客走进来，本地人们走出去，在这过程中不同民族、不同地区的文化得以交流，必然会改变一些陈旧、落后的观念。因为在不同文化的交流和碰撞中，总是新的、先进的文化代替旧的、落后的文化，使得整个文化得以进步、发展。

③带动文化保护，弘扬优秀文化传统。许多文化资源本身就是旅游吸引要素，在发展旅游的背景下，需要挖掘、整理和提炼地方文化传统和资源，

由此促进文化保护和增强自豪感。

（3）生态效益

①减少对生态环境的开发性破坏。通过旅游开放，建立有效的管理监控体系，可以有效地将当地的贫困人口从消耗性资源开发中转换出来，减少当地居民对生态环境的破坏。

②壮大经济实力，形成生态环境保护的良性循环。旅游业的发展，增加了地方财政收入，增强了县域经济实力，反过来也可以增加地方政府对生态建设的投入力度，从而有可能形成生态环境建设的良性循环。

项目统筹：郭海燕
责任编辑：郭海燕
责任印制：冯冬青
封面设计：鲁　筱

图书在版编目（CIP）数据

昆明市北部乡村旅游开发研究 / 张鹏杨等著 . -- 北京：中国旅游出版社，2020.6
（云岭旅游规划丛书 . 第二辑）
ISBN 978-7-5032-6505-1

Ⅰ . ①昆… Ⅱ . ①张… Ⅲ . ①乡村旅游－旅游资源开发－研究－昆明 Ⅳ . ① F592.774.1

中国版本图书馆 CIP 数据核字（2020）第 101930 号

书　　名	昆明市北部乡村旅游开发研究
作　　者	张鹏杨等著
出版发行	中国旅游出版社 （北京建国门内大街甲9号　邮编：100005） http://www.cttp.net.cn　E-mail:cttp@mct.gov.cn 营销中心电话：010-57377109，010-85166536
排　　版	北京旅教文化传播有限公司
经　　销	全国各地新华书店
印　　刷	北京盛华达印刷科技有限公司
版　　次	2020年6月第1版　2020年6月第1次印刷
开　　本	710毫米×1000毫米　1/16
印　　张	10.5
字　　数	180千
定　　价	58.00元
ISBN	978-7-5032-6505-1

版权所有　翻印必究
如发现质量问题，请直接与营销中心联系调换